课题项目

　　浙江越秀外国语学院教学成果奖培育项目,《"多元协同、四链融合"的外语＋数字贸易人才培养体系构建与创新实践》,课题编号:JGP2208

　　浙江省 2021—2022 年度产学合作协同育人项目,《"四链衔接·闭环培养"——多语种跨境电商人才培养模式的探索与实践》

基于产教融合的高校
跨境电商人才培养模式创新研究

胡建海　著

中国原子能出版社

图书在版编目（CIP）数据

基于产教融合的高校跨境电商人才培养模式创新研究 /
胡建海著 . –– 北京：中国原子能出版社，2023.4
ISBN 978-7-5221-2683-8

Ⅰ . ①基… Ⅱ . ①胡… Ⅲ . ①电子商务 – 人才培养 –
培养模式 – 研究 – 高等学校 Ⅳ . ① F713.36

中国国家版本馆 CIP 数据核字 (2023) 第 072366 号

内容简介

本书是跨境电商人才培养方面的著作。本书首先从产教融合的基本理论出发，在准确把握产教融合与跨境电商人才培养的内涵与基本特征的基础上，进一步阐述了跨境电商与产教融合的时代背景、发展历程、发展现状以及国内外先进的人才培养经验等，为后文的阐述奠定了基础。其次，本书对产教融合背景下跨境电商人才培养模式构建的方案与路径进行了深入研究，包括跨境电商人才培养模式构建的方案、跨境电商课程体系的构建、跨境电商师资队伍的建设以及创新学生管理模式等内容。

基于产教融合的高校跨境电商人才培养模式创新研究

出版发行	中国原子能出版社（北京市海淀区阜成路 43 号　100048）
责任编辑	刘　佳
装帧设计	河北优盛文化传播有限公司
责任校对	冯莲凤
责任印制	赵　明
印　　刷	北京天恒嘉业印刷有限公司
经　　销	全国新华书店
开　　本	710 mm×1000 mm　1/16
印　　张	13.25
字　　数	216 千字
版　　次	2023 年 4 月第 1 版　　2023 年 4 月第 1 次印刷
书　　号	ISBN 978-7-5221-2683-8　定　价　78.00 元

前言
preface

随着时代的发展，信息技术水平不断提升，互联网基础设施不断完善。企业以追求经济效益为目标，因此，降低成本、扩大市场、实现更高的经济效益一直是其追逐的目标。网络作为当今时代最为高效的沟通方式，与商贸活动充分结合，形成了一种新的销售渠道。建立在这种销售渠道基础之上的商贸活动即电子商务。

电子商务在不断发展和完善的过程中改变着人们的生活方式，为商务活动的发展提出了全新的商业机会、需求、规则和挑战。它代表着未来商务活动与信息产业发展的方向，对全球经济和社会的发展产生着深刻的影响。随着经济全球化和网络技术的不断发展，企业为了进一步拓展市场，借助网络平台将商务活动拓展到世界范围内，跨境电子商务由此产生。跨境电子商务的出现为商贸活动注入了新鲜的血液，它突破了地域之间的障碍，极大程度上丰富了贸易的形式，引起世界经济贸易的巨大变革。互联网技术的日新月异推动了跨境电子商务的不断发展，跨境电子商务行业的新理念、新业态、新模式不断涌现，跨境电子商务的内涵不断丰富，类型不断多样化。大力发展跨境电子商务，对于国家社会和经济的发展、人民生活水平的提高具有重要的战略意义。

近年来，我国跨境电子商务迅猛发展，逐渐成为经济发展的新引擎。如何实现跨境电子商务产业的优化升级，促进跨境电子商务的进一步发展越来越受到我国政府与学术界的关注。产业的发展需要以人才为基础，跨境电子商务也不例外，虽然我国跨境电子商务产业的发展取得了显著的成效，但是跨境电子商务人才的培养却相对滞后，造成跨境电子商务产业存在大量的人才缺口，亟需具有较高综合素质的应用型人才补充进行业之中。国家十分重视跨境电子商务人才培养，对高校跨境电子商务人才培养给予了充分的支持与保障。跨境电子商务专业具有较强的实践性，这就要求在电子商务人才培养的过程中，要在理论知识教学的同时，重视对于学生实践技能的培养与提升。

2017 年 10 月 18 日，习近平总书记在党的十九大报告中指出，"要深化产教融合"。作为实践性较强的专业，跨境电子商务人才培养需要深入贯彻产教融合的理念，在政府的引导下开展多元化办学，促进校企合作，学校与企业充分发挥自身的资源优势，共同进行人才培养。

本书从产教融合的角度出发，首先，对产教融合以及跨境电子商务人才培养的时代背景与内涵进行了详细阐释。其次，对于高校跨境电子商务人才培养模式进行了深入分析，并提出跨境电子商务人才培养的发展路径。最后，结合实践对校企协同育人这一重要的人才培养模式进行了全面的研究。

鉴于编著者水平有限，书中难免存在一些疏漏，敬请各位同行及专家学者予以斧正。

目　录
contents

第一章　发展背景与意义研究

第一节　产教融合的时代背景分析

一、产教融合发展概述

（一）产教融合的概念与内涵

1. 产教融合的概念

产教融合既是一种教育理念，也是一种办学模式，相对于其他较为成熟的教育学理论，其提出时间相对较短，学界对于其概念的界定也存在许多不同的观点。作为一种人才培养方式，自新中国成立以来，国家就重视将劳动、生产活动与教育相结合。作为一种具体的人才培养理念，其提出的时间则相对较晚，是在高校人才培养实践中逐渐总结形成的。

产教融合最早是由高等职业院校根据其人才培养特点提出的构想，这种构想由于符合职业人才培养的需求，受到国家和社会的普遍重视，并作为一种人才培养理念被纳入教育改革和发展的内容之中。从产教融合的字面意思出发，从人才培养过程上来看，指的是生产活动与教育活动的融合，从人才培养主体的角度来看，指的就是学校与企业之间的充分合作。

近年来，国内产教融合的研究日益增多，特别是在 2017 年之后，相关主题的发文量呈现爆发式增长。学者对于产教融合的研究主要集中在以下几个方面，分别是关于关于产教融合模式的研究、关于产教融合人才培养模式的研究、关于产教融合制度保障的研究以及关于产教融合动力机制的研究。学者们通过对于产教融合各环节以及组成要素的研究，从不同角度对产教融合的概念进行了剖析。

虽然学术界对于产教融合的概念没有较为统一的观点，但是我们可以根据产教融合的发展历程与具体内容对其概念有一个总体的认知，即产教融合就是将教育与实践充分结合，通过学校与企业之间的深入合作，培养高素质技能型人才，实现学生、学校与企业共同发展的一种人才培养模式。

在产教融合的概念中，有几个重点需要我们关注。其一，产教融合的本质是一种人才培养模式，同时也是一种人才培养理念，而不是具体的教学方法。其二，产教融合的核心是学校教学与企业生产的有机结合，是一种建立在校企充分合作之上的人才培养模式。其三，产教融合强调对于学生实践技能的培养和提升，这并不是说产教融合不重视理论知识的教学，而是强调理论知识教学与实践技能培养的充分结合。产教融合作为一种人才培养模式，与传统教育模式最为显著的区别之一就是对于实践的重视。其四，产教融合的目的不仅仅是促进学生的发展，学校与企业也能通过产教融合实现自身的发展，学校能够优化教学模式，提升办学水平，企业则可以获得智力资源与人才资源，优化生产结构，创新生产模式，提升市场竞争力。

2. 产教融合的内涵

产教融合从提出到被人们普遍接受，经历了一个从无到有，从模糊到具体的过程，这符合事物发展的一般规律，也符合教育理念从萌芽到成熟的发展规律。产教融合是一种人才培养模式和理念，而并不是具体的教学方法，因此，产教融合具有丰富的内涵，在具体的人才培养过程中有许多表现形式，包括产学研一体化发展以及一系列校企合作形式。

总的来看，产教融合的人才培养主体有两个，分别是学校与企业。学校与企业可以通过产学研一体化以及校企合作实现人才培养目标，进而实现校企双方的共同发展。这种双主体育人的人才培养模式，在技能型人才培养方面具有得天独厚的优势。由于部分学校受制于硬件条件，难以为学生的实践技能训练提供足够的支持，这也导致了传统教育模式中技能型人才培养的两极分化。

部分学校重视理论知识的教学，忽视实践技能的训练，将教学活动局限于课堂，学生的实操水平不能得到有效的提升。还有一部分学校则强调实践技能的训练，忽视理论知识的教学，将教育资源过多投入到实操技能的教学之中，使学生在理论基础薄弱的情况下掌握具体的技能，不利于学生专业素养的提升以及未来的发展。产教融合重视理论与实践的充分结合，使企业成为育人的主体，能够大大增强学生的实践能力的培养效果，同时，强调学生专业理论知识的扎实掌握，也体现出对于学生专业素养全面发展的重视。因此，产教融合十分契合当代教育的发展，特别是技能型人才的培养。

在我国传统的职业教育体系中，也十分重视学校与企业之间的合作，学校在人才培养的过程中会借助企业的力量，通过与企业签订相关的合作协议，为学生提供实践机会与实习场所。这种传统的校企合作方式与产教融合在培养理念与培养方式上具有一定的相似性。但是，两者还是有着显著的区别。这种区别主要表现在校企合作的深度上。

传统的校企合作一般是校企双方在具体的发展环节上展开合作，比如，在传统的技能型人才培养中，学校与企业在学生实习方面的合作较多，学生在实习期会进入相应的企业生产部门展开实习，以锻炼和提升自身的实操能力，许多情况下，学校与企业的合作仅仅停留在组织学生开展实习上，这种校企合作的方式就是一种具体环节的合作，是层次较浅的合作。

产教融合不是学校与企业之间在具体的人才培养环节建立合作关系，而是要求学校与企业之间形成全面的、良好的、稳定的、持久的、深层次的合作关系，通过产教深入融合，在提升人才培养效果的同时，提升学校的办学水平，并帮助企业实现更好的发展。产教融合理念下的校企合作是一个完整的校企协同育人系统，系统中的各组成要素之间联系紧密，形成利益共同体，系统的发展是各要素密切合作的成果，同时，系统的发展也能进一步促进各要素的发展。

产教融合对于学生、学校和企业三者的发展大有裨益，是一个多方共赢的机制。对于学生来说，产教融合可以帮助学生在学习理论知识的同时提升实践能力，实现更加全面的发展，也为以后的就业提供良好的保障。对于学校来说，产教融合创新了学校的教学模式，将理论与实践充分结合，帮助学校提升人才培养的水平。对于企业来说，产教融合可以为企业提供专业对口且具备一定实践经验的高素质的人才。企业与学校之间的深入合作，还能保证人才供应持久性，有利于企业的进一步发展。

在产教融合的教育体系中，涉及大量的岗位实习与实践技能训练，而且不同于高校传统的实习模式，其经过校企双方的综合研究和专门设计，具有很强的针对性，且与在校所学的理论知识融会贯通，同步开展，符合学生发展的需求以及社会对于人才的需求，使学生能将所学知识充分运用到实践当中，并通过实践深化对于理论知识的理解。

深度发展的产教融合不仅仅是学校与企业之间展开合作，有条件的学校甚至可以自己创办相关企业，以学校为主导，以学生为主体，理论教学与实践训练充分结合，生产活动与教育活动协同发展，企业能够为学校提供大量有针对性的实践岗位，还能为学校提供资金支持，学校则可以凭借自身的教育资源优势，为企业提供大量拥有较高专业素质的人才。与此同时，学生也可以在实践过程中切身参与生产实践，工读结合，在提升自我、创造价值的同时获得报酬。

从区域发展的层面来看，产教融合还能促进地方经济的增长。产教融合与职业教育人才培养十分契合，而我国的职业院校一般是地方性的，办学的重要目的之一就是服务地方，为社会提供高素质人才，促进地方经济发展。我国的职业院校以就业为导向，培养技能型人才，这也正是产教融合发展的目标指向。

（二）产教融合的相关理论

1. 马克思主义"两种生产"理论

马克思主义的两种生产理论中的两种生产指的是构成人类社会存在和发展基础的物质资料生产和人类自身生产。人类进行物质资料生产是为了不断取得自身生存所必需的生活资料；人类自身的生产是为了维持其自身的生存和繁殖，实现人类自身的延续和更新。

首先，产教融合指一种人才培养的模式，其本质是教育活动，因此具有一般教育活动所具有的"人的智力培育与再生产"功能。产教融合广泛应用于职业教育之中，能够直接通过培养和提升劳动者的专业素质来直接服务于第一种生产，即物质资料的生产。其次，产教融合的人才培养模式对于人类自身的生产同样具有重要的促进意义。产教融合人才培养可以在人的社会关系的建设和再生产中发挥重要的作用。因为人的生产活动不是独自完成的，而是通过与其他主体之间的密切配合所形成的，广泛应用于职业教育当中的产教融合正是要建立这种人与人之间合作的职业关系，且横跨教育与生产两个领域，因此其既具备一般教育活动的属性和作用，同时具备支持生活资料生产与社会关系生产的独特作用，是符合马克思主义两种生产观点的优秀人才培养理论成果。

2. 黄炎培的"大职业教育主义"

中国近代职业教育的创始人黄炎培将毕生精力奉献给了中国职业教育，其教育思想对于中国职业教育的发展具有重要的指导意义和促进作用。黄炎培对中国当时的教育实际进行了充分的调研，并对国外教育进行了考察，在此基础上探寻到了中国教育发展的出路，即加强切合人们生产生活实际的职业教育。

黄炎培不仅大力提倡开展职业教育，同时对于职业教育人才培养的模式也不断进行着探索。他在1926年提出"大职业教育主义"的办学方针，认为职业教育的发展，不能局限于教育活动本身，要将职业人才培养、教育活动与农工商职业等领域充分结合在一起，共同开展人才的培养，这即是"大职业教育"的基本内涵。

黄炎培"大职业教育"的思想对于我国职业教育人才培养模式的形成与发展具有重要的意义，该理论不再将人才培养的主体具体到学校和工厂，而是强调多主体共同参与到人才培养的过程中来，使人才在学中做，在做中学，使自身的知识与技能体系更加贴合实践发展的需要。由此可见，在这一时期，我国职业教育产教融合的思想就已经开始形成。

3. 陶行知的教学做合一理论

我国近代著名的教育家、思想家陶行知，毕生致力于教育事业，他不仅创立了完整的教育理论体系，而且进行了大量教育实践。陶行知反对以"四书五经"为主要教学内容的儒家传统文化教育，主张使教育服务于民生。陶行知主张使职业教育成为公民的一项普惠性权利，并将改造社会、改造生活与发展职业教育充分结合起来。

职业教育需要贴近人们的生产生活，受教育者需要在生活中接受教育，并将教育的成果应用于生活之中，而不是脱离生活与具体的社会实践去谈教育。职业教育是一种源于生活和为了生活的教育，职业教育的人才培养目标需要从生产生活的实际需要出发进行制定，职业教育的人才培养过程对于生产活动也具有较强的依赖性。而职业教育能够为社会生产活动提供大量的高素质人才，促进生产的发展，不断改善生活状况。

陶行知认为，职业教育必须与生活教育紧密结合在一起，他在充分研究国内外教育实践的基础上提出了三大教育理论，即"生活即是教育""社会技师学校"以及"教学做合一"的教育理论。其中，"教学做合一"对于旧社会教育模式中的不足之处进行了深刻的批判，同时又为教育的发展提出了具体的路径与措施，在该理论中，陶行知认为"做"是核心，主张在做上教，做上学，即从教师的角度来说，做便是教，从学生的角度来说，做便是学，教、学、做三者在人才培养中应该是相互促进、相互融合、浑然一体的。

陶行知的教学做合一理论，对于我国职业教育的发展具有重要的指导意义，其对于"做"的重视，体现了产教融合的思想。当前，我国强调不断深化产教融合，目的正是培养和提升学生的实践能力，避免培养出来的学生只会纸上谈兵，而缺乏实践操作能力。

（三）我国产教融合的发展历程

1.厂校结合阶段

学校教育与生产实践相结合的育人理念，在近代就已经产生并获得了一定的发展，主要表现为厂校结合的办学模式。鸦片战争在打开中国国门的同时，也让国人清楚地认识到落后就要挨打的道理。中国的近代民族工业就是在这种背景下艰难起步、不断摸索着前进的，造船业则是这一时期中国发展工业的代表。

1866年，经左宗棠奏请，清政府在福州设立求是堂艺局，并在1867年改名为船政学堂。船政学堂是中国第一所近代海军学校，也是中国近代航海教育和海军教育的发源地。船政学堂的授课内容十分广泛，不仅教授造船、航海、地理、外语、机械、物理等知识，还教授具体的技艺，培养技工。船政学堂的学生不仅需要系统学习理论知识，还要在工厂中熟悉各种机械的构造细节与操作技巧，同时，学习具体技艺的学生则需要在学习理论知识的同时不断磨练技艺。船政学堂的授课模式就已经有了理论教学与实践训练相结合的影子。

军事工业对于民用工业的发展具有带动作用，随着中国军事工业的发展，民用工业也随之迅速发展起来。工业的发展需要大量懂得机械操作的技术人员，因此，依附于公司或企业的实业教育开始逐步兴起。实业教育对于实业的依赖性较强，其人才培养注重具体操作技能的训练，这就在一定程度上导致了理论知识教学的缺失，同时，也忽视了普通知识的教学。至民国初期，职业学校开始逐渐脱离实业企业，自主开设工场、实验室、农场等实践场所，使人才培养体系更加科学、合理。

中华人民共和国成立后，行业企业成为职业教育的主导力量。1950年，周恩来在全国高等教育会议中指出：为了便于联系实际，适应建设的需要，由企业部门举办短期训练班或专科学校是必要的、合理的。在这一时期，专科学校的教学内容和课程安应该按照企业的发展需求来设置，学校专业课程的兼职教师则由企业主管部门指定的技术人员担任。1958年，毛泽东起草的《工作方法十六条（草案）》指出："一切中等技术学校和技工学校，凡是可能的，一律试办工厂或者农场，进行生产，做到自给或者半自给。学生实行半工半读。"自20世纪50年代至80年代中期，中国的职业学校广泛开展半工半读的人才培养模式，校办工厂在全国各地涌现。

2. 产教结合阶段

20世纪80年代中期以后，伴随着企业的改革，职业教育改革的步伐也逐渐加快，1991年，《国务院关于大力发展职业技术教育的决定》指出："各类职业技术学校和培训中心，应根据教学需要和所具有的条件，积极发展校办产业，办好生产实习基地。提倡产教结合，工学结合。"此后，中央又颁布了一系列文件，进一步确立了中国职业教育产教结合、校企合作的办学模式。

2002年，随着大部分行业院校交由地方政府管理，校企合作面临着新的发展形势，同时也迎来了新的发展契机。同年，《国务院关于大力推进职业教育改革与发展的决定》的发布，鼓励企业积极参与职业教育，提倡多种形式联合办学。2004年之后，为了进一步促进产教结合，提升校企合作的水平，国家又接连出台了一系列文件，目标更加明确，内容更加具体。例如 2004 年 9 月发布的《教育部等七部门关于进一步加强职业教育工作的若干意见》，就明确提出建立行业职业教育咨询、协调机制。2005 年 10 月发布的《国务院关于大力发展职业教育的决定》则提出促进职业教育教学与生产实践、技术推广、社会服务紧密结合的要求。2009 年，教育部发布的《关于加快推进职业教育集团化办学的若干意见》则强调了职业教育集团化办学的重要意义。并提出应该积极探索职业教育集团化办学的有效模式，加快推进职业教育资源的共建共享。

在政策的支持和引领下，我国职业教育校企合作不断发展，不仅在人才培养上取得了显著的成果，而且校企合作模式也不断得到丰富，校企合作逐渐深入，我国职业教育逐渐从产教结合向产教融合迈进。

3. 产教融合阶段

自 2010 年以来，推进和深化产教融合成为职业教育校企合作发展的主题。2010 年 6 月，中国共产党中央委员会政治局审议并通过《国家中长期教育改革和发展规划纲要（2010—2020 年）》，强调了"双师型"教师培养的重要性，并要求职业院校与企业协调配合，探索教师培养的新方式，共同开展"双师型"教师的培养，同时给予职业院校更多的用人自主权，使其可以聘任社会上优秀的专业人才和技术人员担任专兼职教师。总而言之，国家鼓励学校与企业不断丰富教师队伍建设的路径，为产教融合的发展提供高质量师资队伍的保障。2013 年，十八届三中全会通过《关于全面深化改革若干重大问题的决定》，进一步明确了加强职业教育"双师型"队伍建设的重要性，强调"双师型"教师队伍的建设是产教融合发展的重中之重。

2014 年，国务院发布《关于加快发展现代职业教育的决定》，要求进一步深化产教融合，完善校企合作办学有关法规和激励政策，鼓励行业和企业举办或参与举办职业教育，并强调了企业在职业教育中的主体作用。2015 年 7 月，教育部发布的《教育部关于深化职业教育教学改革全面提高人才培养质量的若干意见》为产教融合的具体形式和内容指明了方向，强调要继续深化校企协同育人，强化行业对教育教学的指导，推进专业教学紧贴技术进步和生产实际，有效开展实践性教学。2016 年 12 月，中共中央印发《关于深化人才发展体制机制改革的意见》，提出要改进人才培养支持机制，创新人才教育培养模式，完善产学研用结合的协同育人模式，建立产教融合、校企合作的技术技能人才培养模式。在人才培养的主体上，提出要促进企业和职业院校成为技术技能型人才培养的"双主体"，开展校企联合培养试点。

2017 年 10 月 18 日，习近平总书记在党的十九大报告中指出，要深化产教融合，我国的产教融合向着更高的发展层次不断迈进。2017 年 12 月，国务院办公厅印发《关于深化产教融合的若干意见》，要求促进教育链、人才链与产业链、创新链等"四链"有机衔接，强化企业的重要主体作用，推进产教融合人才培养改革，促进产教供需双向对接，完善政策支持体系，使产教融合成为推进人力资源供给侧结构性改革、新形势下全面提高教育质量的发力点。

2019 年 11 月，教育部办公厅等十四部门联合印发《职业院校全面开展职业培训促进就业创业行动计划》，提出支持职业院校敞开校门，面向社会广泛开展培训，推动学历教育与培训相互融合、相互促进，加强部门之间统筹协同、产教之间融合联动，形成共同推进职业培训工作合力。强调职业院校和产业之间的互相融合，对产教融合的顶层设计更加明确、更加深入。2020 年，教育部等九部门印发《职业教育提质培优行动计划（2020—2023 年）》，在职业教育提质培优行动计划的基本原则一部分，指出要深化产教融合、校企合作，强化工学结合、知行合一，健全德技并修育人机制，完善多元共治的质量保证机制，推进职业教育高质量发展。

随着我国产教融合实践的不断推进以及国家政策的支持，我国大量的高校与企业深入开展产教融合，不断探索产教融合的新模式，取得了显著的成果，培养出了大量高素质的技能型人才，为我国经济发展和社会建设提供了人才的保障。

（四）我国产教融合的基本特征

产教融合是一种强调培养和提升学生实践能力的人才培养理念，同时也是一种促进多主体协同发展的发展模式。在产教融合理念的指导下，校企合作无论从广度还是深度上都有了质的飞跃，产教融合具有鲜明的特征，具体内容如图 1-1 所示。

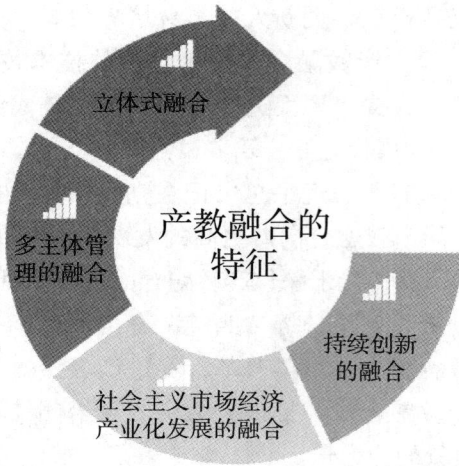

图 1-1　产教融合的特征

1. 立体式融合

立体式融合区别于平面式融合，是一种更高层次的学校与企业间的合作模式。从融合层次来看，平面融合的代表就是校企合作，这是一种学校与企业之间的简单合作模式，合作内容浮于表面。而产教融合则属于立体式融合，是一种学校与企业之间深入合作的发展模式，合作内容无论是从广度还是从深度来看都是平面融合所不能比拟的。

产教融合打破了原有的学校与企业间有限项目合作的局限，使学校与企业在产、学、研三方面进行全面、深入地合作，产教融合深入发展后形成的校企融合组织，自身同时具备教育、科研预生产的功能，自身不仅是生产的主体，具有创造经济效益的功能，同时还能进行充分的科研开发，为生产活动提供源源不断的智力支持，同时，还能为生产活动提供源源不断的高素质技能型人才。

2. 社会主义市场经济产业化发展的融合

社会主义市场经济产业化发展指的是在社会主义市场经济的大背景下，某种产业以市场经济发展的需求为导向，以实现经济效益为发展目标，通过相关专业服务与产教融合的水平管理，形成的组织结构与生产经营方式。产教融合的组织方式应该面向市场需求，做到产、学、研三方面协同发展，在充分观察和分析市场发展规律的同时，根据市场需求制订学生培养的计划，规划课程教育体系，根据社会主义市场经济的发展指向培养人才，与此同时，根据市场研究情况确定或改变企业的发展战略，帮助企业根据市场指向进行生产活动，并源源不断地为企业提供适合不同岗位的高素质技能型人才。

3. 多主体管理的融合

以往的校企合作之所以难以像产教融合这样取得显著的发展成果，是因为除了合作不充分、不深入以外，还有一个重要的原因就是没有明确各个主体之间的权利和义务关系，关系的不明确导致合作缺乏规范与秩序，最终导致校企合作难以达到预期的目标。成功的产教融合组织，是以学校、企业、政府等相关组织之间的科学分工与共同管理为前提的。各构成组织在开展任何活动之前，都需要明确自身的权利与义务，使产教融合能够井然有序地发展。

4. 持续创新的融合

创新是引领发展的第一动力。当今时代，任何事物若想实现高质量发展，就必须引入创新的元素，产教融合作为一种人才培养的理念，亦是如此。产教融合的持续发展，关键在于创新，无论在人才培养理念上，还是在人才培养模式上，都需要不断的创新，才能实现突破与发展，才能更好地适应新时代社会主义建设的需求。

产教融合本身就是创新的成果，在传统的人才培养模式中，学校是人才培养的绝对主体，专业理论教学与实践技能训练结合并不紧密，有的学校以理论知识教学为主，忽视实践技能的训练，实践教学的时间被压缩得非常少。有的学校则重视对于学生实操技能的培养，忽视理论知识的教学，不利于学生专业综合素养的提升和长期的发展。产教融合将企业纳入人才培养的体系中来，使企业成为人才培养的主体，同时，重视理论知识教学与实践技能训练的有机结合，无论在人才培养主体还是在人才培养模式上，都充分体现了创新的理念。

产教融合的持续发展同样需要不断注入创新的理念，在技能型人才培养实践中，无论是教育的内容，还是教育的模式，都需要根据行业的发展实际进行调整，以保证人才培养的与时俱进。在跨境电子商务人才培养中，更需要重视创新的作用，因为跨境电子商务面向的是全球市场，且跨境电子商务的贸易形式发展迅速，因此，在人才培养过程中，无论是理论知识教学，还是实践技能的培养，都需要与时俱进，不断将新的发展理念与创新思维融入教学之中，这样才能保证培养出的人才符合行业发展需求。

产教融合的形式也需要不断创新，这是保证这一人才培养模式永葆活力的关键，从厂校结合，到产教结合，再到产教融合，从浅层次的校企合作逐步发展到深层次的校企合作，从校企在部分领域的合作到校企共同体的实践，产教融合的模式一直处于不断的变化发展之中，也正是诸多人才培养新理念的注入，才使得产教融合的内涵不断得到丰富。

二、经济全球化趋势不断加强

（一）经济全球化的内涵

1. 全球化的产生

自 20 世纪 80 年代中期"全球化"这一说法被提出，至今已有 40 余年的时间，"全球化"无论在学术界还是社会话题中，始终属于当之无愧的热词。特别是自 20 世纪 90 年代以后，全球化已经成为政治学研究的重要背景，在经济研究领域也成为难以绕开的话题。全球化这一概念也通过电视、报纸、书籍等信息传播媒介从学术研究领域逐渐走进大众的视野，被大众所熟知。

对于全球化的概念，至今学术界还没有统一的定论，这是因为全球化作为一种世界发展的趋势，涉及的领域众多，包含的内容十分庞杂，难以对其进行简单地概括。学术界从不同角度诠释对全球化的理解。

政治学认为全球化是一种国际行为体之间互相影响不断加深的过程。全球化背景下，国际行为体之间的联系日益密切，相互影响不断加深。主权国家的战略目光向域外扩展，在全球范围内进行战略布置，国家之间的合作日益增多，合作内容向多领域与深层次发展。国际组织的作用日益突出，非国家行为体之间的交流日益密切。

经济学家从经济学视角审视全球化，认为全球化的重要表现是跨国经济互动的增强，国家之间的经济交流日益密切，国与国之间经济依赖的不断加深，商品开始广泛在全球范围内流通。

文化学家对于全球化的解读则侧重于文化现象在全球范围内的传播，

认为全球化的显著特征是流行文化、大众娱乐与商业文化等文化现象的不断世界化。

我们在本章的研究对象是经济全球化，因此，选择从经济的视角对全球化进行阐释。

2.经济全球化的内涵

相比与全球化，学术界对于经济全球化概念的界定则相对明确，主要有以下几种观点。

美国经济学者丹尼尔·耶金（Daniel Yergin）认为，经济全球化就是经济活动国际化的过程，其强调经济活动向全球范围拓展的过程。丹尼尔·耶金对于经济全球化的定义简洁明了，强调了经济全球化的必然性，虽然未对其内涵进行深入挖掘，但简单易懂，有助于人们更通俗地理解经济全球化，同时也表达了全球化是经济发展必然趋势的观点。

雅克·阿达（Jacques Ada）认为，资本主义在全球范围内的拓展造就了全球化，他认为全球化的过程就是世界一体化的产物，即先有一体化，后有全球化。

还有的研究学者也从全球化与一体化的角度来考察经济全球化，认为经济全球化就是一体化，世界经济全球化的过程就是世界经济一体化的过程，这一定义将经济全球化与经济一体化完全等同。

我国对于经济全球化也有许多研究。比如，有学者认为："经济全球化是生产要素在世界范围内流动，促使世界各国、各地区逐渐融为一体的历史进程"，经济全球化包含两大经济发展的进程，其一是全球经济市场的建立，其二是针对经济行为进行规范的全球规则的确立。该观点认为经济全球化包括经济一体化。

关于经济全球化的概念，较为权威的定义是由国际货币基金组织提出的，即"全球化指的是跨国经济产品、服务贸易以及国际资本流动规模和形式的增加，以及技术的广泛迅速传播使世界各国经济的相互依赖性增强"。这一定义针对经济全球化的具体内容和过程进行了科学的阐释，并揭示了该进程中国家之间关系的发展与变化。

（二）经济全球化的发展历程

经济全球化的历程就是各经济要素全球化发展历程的集合，不同经济要素，商品、资本、生产与金融，其全球化历程具有一定的时序性。经济全球化的发展历程如图 1-2 所示。

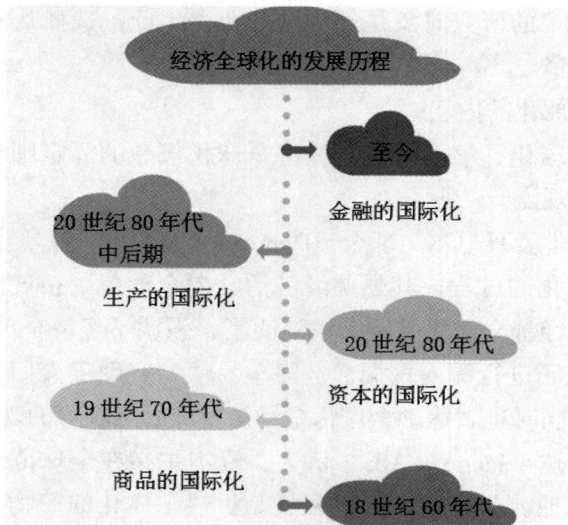

图 1-2　经济全球化的发展历程

1. 商品的国际化

商品国际化，就是以商品贸易为经济全球化的核心，商品的国际化阶段开始于 18 世纪 60 年代，这一阶段是经济全球化的萌芽阶段。自 16 世纪开始的资本原始积累，为欧洲工业革命创造了充分的条件。

第一次工业革命使机器生产取代了手工生产，成为工业生产的主要形式，使生产力产生了历史性的变革，同时也为资本主义在世界范围内的扩张奠定了基础。而第一次工业革命也使交通方式产生了翻天覆地的变化，机帆船和火车使大宗货物的长途运输成为现实，缩短了运输时间，降低了运输成本，使商品贸易的国际化成为可能。

由于世界市场此时尚未发展成熟，因此，此时的经济全球化尚处于萌芽阶段，但是，由于生产力的提升，各国市场的进一步整合以及商品流通量的增加，使世界贸易得到空前的发展，为世界经济全球化奠定了坚实的基础。

2. 资本的国际化

商品国际化直接推动了资本国际化的发展进程。19 世纪 70 年代开始，资本国际化开始在全球范围内发展。这一阶段的经济全球化特征是，各国以资本输出的方式加强国际市场的联系。

19世纪60年代后期，开始了第二次工业革命，人类进入电气时代。第二次工业革命极大促进了生产力的发展，对于人类工业化进程和社会的发展产生了深远的影响。与此同时，也为世界市场的进一步整合以及资本的国际化奠定了物质基础。

在这一时期，世界主要资本主义国家的货币体制开始向金本位过渡，使黄金成为世界单一货币，世界市场开始逐步形成。而这一阶段世界经济领域最为显著的特征就是资本的国际化。由于生产规模的迅速扩大，世界主要资本主义国家对资金的需求不断上升，开始通过各种手段加速资本的集中，垄断组织与金融资本由此形成。资本的大量集中迫使这些国家将资本输出到海外市场，大大推动了资本国际化的进程。

3. 生产的国际化

生产的国际化阶段从第二次世界大战结束到20世纪80年代中期，这一时间段是经济全球化的发展阶段，被第二次世界大战摧残得满目疮痍的世界百废待兴，在第三次科技革命的推动下，世界经济借助现代科技，进入了又一轮的快速发展时期。

第三次科技革命中，科技的迅速发展使得商品的生产能力大大提升，促使国际分工进一部发展。国际投资的发展进一步加强了国际资本的流动，为生产的进一步发展创造了条件，跨国公司促使生产要素在全球范围内进行配置，生产活动全面步入全球化。

4. 金融的国际化

20世纪80年代中后期，伴随着世界各国对外政策与经济发展战略的调整，以及以信息技术、航天技术和生物技术为代表的科技大发展，推动了世界科技的巨大进步与经济的快速发展，世界各国之间的经济合作与科技交流日益频繁，相互依赖不断加深。金融对于世界经济全球化的影响十分显著，既能推动经济全球化的快速发展，同时也会对世界经济的平稳运行带来一定的不利影响，1997年的亚洲金融危机就是明显的例子。金融的国际化成为经济全球化的又一显著特点[1]。

---

① 杨培雷.国际经济学[M].上海：上海财经大学出版社，2017：3-8.

三、电子商务的产生与发展

（一）电子商务的概念与内涵

1. 电子商务的概念

电子商务这一名词可以拆借为两部分，首先，是"电子"，即这一活动的媒介是电子，或与电子信息技术相关的途径或手段。其次，是"商务"，即其本质是商业贸易活动。

IBM 于 1997 年第一次使用电子商务（Electronic Business）一词，并逐渐普及。目前，学术界对于电子商务的定义还没有一个完全统一的观点，不同研究者从不同的角度出发对电子商务的含义进行了阐释。

（1）世界电子商务会议对于电子商务概念的界定

1997 年，在法国巴黎举办的世界电子商务会议认为，"电子商务是电子化的贸易活动，从涵盖范围来说，电子商务是不同的商业行为主体通过电子的方式进行商业交易，而不是传统的面对面直接交易的方式。从技术层面来说，电子商务活动是一种多技术的几何体，包括交换数据（如电子邮件电子数据）、获取数据（共享数据库、电子公告牌）以及自动捕获数据（条形码）等"。

（2）世界贸易组织对于电子商务概念的界定

世界贸易组织认为，电子商务就是通过电子的方式进行商业贸易活动，包括商品与服务的生产、销售、买卖、传递与流通等。世界贸易组织对于电子商务概念的界定，是从商业活动的整个过程出发，强调交易与沟通媒介的电子化。

（3）经济合作与开发组织对于电子商务概念的界定

经济合作与开发组织认为：电子商务是现代网络之间的广泛联系与传统信息技术系统的丰富资源相结合的背景下，产生的一种相互联系的动态商务活动。经济合作与开发组织对于电子商务的定义，强调网络联系的发展对于商业活动的巨大推动作用。

（4）国际标准化组织对于电子商务概念的界定

国际标准化组织是标准化领域中的一个国际性非政府组织，国际标准化组织负责世界上绝大部分领域的标准化活动。国际标准化组织将电子商务作为一种通用术语来看待，认为电子商务主要针对的是企业之间、企业与消费者之间信息内容与需求交换。

国际标准化组织对于电子商务的定义具有很强的概括性，将电子商务看作是一种通用术语，既肯定了电子商务作用的普遍性，也体现了电子商务的全球性意义。

（5）信息技术企业对于电子商务概念的界定

信息技术行业是电子商务技术的提供者，因此对于电子商务的理解侧重于技术层面。

惠普公司（Hewlett-Packard，HP）认为，电子业务是一种新型的业务开展手段，符合网络信息时代的发展特点，电子业务以互联网为依托，通过网络技术实现公司、供应商、合作者、消费者之间的信息共享和业务交流，这种新型的业务方式，不仅能够在很大程度上提升信息与业务交流的效率，促进业务进程的实施，还能对于市场等动态因素快速做出反应，依托信息技术对商业信息进行科学分析，对当前的业务做出及时的调整，使之符合市场的需求。电子消费则是一种互联网催生出的新型消费方式，人们可以通过互联网进行消费、娱乐、工作、学习等一系列活动，从消费端实现网络化。电子化世界则是以电子商务为代表的一系列网络生产、交易、交流、学习、工作等活动所搭建的电子化运作的新型生活方式。

IBM 公司认为，电子商务是把各个商业贸易活动的主体在各层级、各类型的网络上结合起来的应用。强调买卖双方、厂商、贸易合作伙伴以及物流服务等各商业活动参与者在网络与信息技术之下的完美结合。IBM 公司还将电子商务用公式表达了出来：Electronic Business=IT+Web+Business，即电子商务 = 信息技术 + 网络联系 + 商贸业务。

Intel 公司认为，电子商务是基于网络连接的不同计算机之间建立的商业活动运作机制，是利用信息技术与网络技术实现的商业活动电子化，具体来说，就是企业之间或企业与消费者之间通过网络连接进行交易活动，包括商品介绍、产品订购、售后服务等。

Intel 公司对于电子商务的定义同样强调商业活动的整体性，且明确界定了电子商务与电子交易的区别。Intel 公司将电子商务看作是一种基于网络信息技术的商业运作体系，而电子交易只是这个体系中的组成部分之一，是企业与企业之间或者企业与消费者之间使用互联网进行的交易活动。

我们可以结合不同研究主体对于电子商务的定义，得出我们自己的理解：电子商务是指人们以信息技术与网络联系为技术基础，通过电子的方式进行商业贸易和相关服务活动。

2.电子商务的内涵

电子商务的内涵主要包括三个方面的内容，分别是电子商务的科技基础、电子商务参与者的知识和技能，以及电子商务的对象。电子商务内涵的具体内容有以下几点。

（1）电子商务的前提和基础是信息技术和网络科技的发展

从生产力发展的角度来看，人类从以采集狩猎为生的原始社会，到农业社会，再到蒸汽时代和电气时代，社会生产力的每一次飞跃，都是以科技的发展与突破为前提的，以信息技术为代表的第三次科技革命，推动人类社会进入信息化时代，如今，信息技术已经广泛应用于人类生产生活的各个方面，在商业领域的突出表现就是电子商务的发展。

以计算机为代表的电子信息技术拓展了人们的视野，极大程度上提升了人们获取知识的效率，提升了信息交流的速度，是当即社会人们开发和利用资源的组要手段，是电子商务得以产生和发展的前提与基础。

（2）电子商务的核心是人的知识与技能

人是社会行为的主体与核心，电子商务是商业活动参与者通过电子信息技术进行商业往来的行为，是围绕商业贸易组成的关系网。电子商务虽然强调电子信息技术的应用，但其操作主体仍然是人，没有人，电子商务的各个环节就无法运行，人在电子商务中发挥着不可替代的作用，因此，必须强调人在电子商务中的决定性作用。

（3）电子商务的对象是以商品交易为中心的各种商务活动

电子商务是商务活动的电子化，虽然其媒介是现代电子信息技术，但其本质仍然是商务活动。商品的交换是人们相互交换劳动产品的过程，是物质资料再生产中关键的环节，是连接生产与消费的桥梁之一。以商品交换为中心的各种商业活动可以统称为商务活动，这也是电子商务的对象，商业活动中的各个行为主体通过电子信息技术宣传、获取商品与服务信息，并通过电子商务实现高效率的商品交易，体现了这一点。

（二）全球化背景下电子商务的发展

1. 世界电子商务的发展历程

（1）EFT 和 EDI 阶段

电子商务产生于 20 世纪 70 年代末的国际金融市场，最早表现为电子资金转账（Electronic Funds Transfer，简称 EFT），即通过电子通信设备实现资金的转账。EFT 的资金转账过程具有效率高、无纸化的特点，而缺点则是成本较高，因此起初应用范围十分有限，随着网络技术的不断发展以及安全保障的日益完善，EFT 逐渐受到企业的青睐，用户范围不断扩大，普及程度不断提升。

电子数据交换技术（Electronic data interchange，EDI）产生于 20 世纪 60 年代末的美国，EDI 指的是通过网络技术实现计算机之间的标准的数据信息传输。相比于传统的信息传输方式，EDI 在传输效率上实现了质的飞跃，能够在较短的时间内完成大量信息传输的任务。与此同时，EDI 技术的应用节约了大量的人力与物力成本，由于 EDI 信息传输的过程不需要纸张，因此人们形象地称之为"无纸贸易"[①]。

EFT 与 EDI 的完善与普及促进了电子商务的形成与发展。由于 EDI 具有方便、快捷、低成本的特征，因此人们尝试将 EDI 与商务活动联系在一起，通过 EDI 开展交易活动，这种新型交易方式将电子信息技术与商贸活动融合在一起，形成了现代意义上电子商务的雏形。这一阶段的电子商务技术虽然逐渐扩展到各个领域，但受制于技术发展的不成熟，这一时期的电子商务活动仅限于在相对封闭的系统内进行运作，并未实现大规模、普及化发展。

（2）互联网电子商务阶段

EDI 通信系统虽然具有高效率、搞准确性的特点，但 EDI 的高成本使得许多中、小型企业望而却步，这也是 EDI 未实现普及化发展的重要原因。20 世纪 90 年代中后期，互联网开始迅速普及，逐渐进入各行各业与寻常百姓家，随着相关配套技术的不断发展，兼具高效率和低成本的互联网逐渐成为一种大众化的信息传播工具。

互联网的发展与普及为电子商务的发展开辟了新的进路，使电子商

---

① 黄仕靖，顾建强．电子商务概论 [M]．北京：北京理工大学出版社，2018：59-62．

务的低成本运作成为了现实。20 世纪 90 年代，商业贸易活动与互联网之间的联系不断加深，互联网是人们进行信息交流的崭新方式，而商业贸易活动本身就是人类实践活动中最为活跃、最为普遍的组成部分之一，因此，电子商务与互联网一经结合，就展现出强大的生命力与发展潜力。

电子商务与互联网的结合使商业信息传递与交流实现了质的飞跃，使电子商务不仅仅局限于大型企业之间或国家之间的商贸活动，电子商务开始将企业、消费者、政府等主体连接在一起。

（3）E 概念电子商务阶段

21 世纪以来，电子科技与信息技术迎来飞速发展，经济全球化进程也进一步加快，E 概念正是在这种环境下被提出，E 概念即电子信息与通信技术与各相关应用领域的知识、方法、技能相结合而衍生的新的应用模式，是一种信息化时代的商务模式。

E 概念是互联网技术发展的产物，是社会网络化与智能化的重要表现，作为一种发展概念，E 概念强调社会各领域之间的互联与互动，这种互联包括信息互联、服务互联、商品互联，等等。E 概念是电子商务理念的升级，为电子商务与时俱进、实现进一步发展指引了方向。

E 概念的提出大大拓展了电子商务的涵盖范围，电子商务与其他领域相结合，形成有关领域的 E 化概念，如电子商务与教育、医疗、政务等领域相结合，形成远程医疗、远程教育、电子政务等新的发展模式。随着电子信息技术的不断发展，必将不断产生新的 E 概念[①]。

2. 我国电子商务的发展历程

我国政府十分重视电子信息技术与电子商务的发展，早在 20 世纪 90 年代，政府就敏锐意识到电子商务对于经济建设的巨大推动作用，相继实施了"金桥""金卡""金关""金税""四金工程"。

1997 年 10 月，中国商品交易中心正式开通，这是中国第一个完整的电子商务中心，包含了一系列提供商务信息处理功能的子系统。

银行业是我国在经济领域推行电子化较早的行业，电子金融结算系统不断完善和发展，1998 年，深圳招商银行推出了国内首个网上支付工具——"一网通"，为我国电子商务的全面的发展奠定了基础，随后，中国建设银行，中国工商银行也相继推出网上银行服务。

---

① 吴清燕，吴英照．电子商务实训 [M]．北京：原子能出版社，2019：15-16.

1998 年 7 月，国家对外经济贸易部主办的中国商品交易市场在北京开通，这是我国政府组织的首次大规模电子商务实践，吹响了我国电子商务的快速发展的号角。中国商品交易市场的开通在国内外引起了巨大的反响，越来越多的企业借此走向国际市场。

随着新世纪的到来和我国经济的快速增长，以及国家对于电子商务重视程度的不断加深，我国电子商务也迎来了长时间的稳定发展期，大量企业与资本涌入电子商务领域，或完善自己的商务结构，或开辟新的发展领域，各类电子商务平台蓬勃发展。

我国电子商务经过二十余年的发展，从萌芽状态发展成为茁壮成长、欣欣向荣的重要产业。相关服务业通过电子商务取得迅猛发展，逐渐形成功能完善的业态体系。电子商务平台的作用日益增强，电子商务平台、政府监管部门与企业之间的治理结构不断发展完善。

近年来，我国电子商务交易额迅速增长，特别是网络零售市场，更是发展十分迅猛，电子商务成为拉动国家经济增长的重要引擎。

3.我国电子商务发展的特点

经历了较长时间的发展，我国的电子商务产业已经相对成熟，并形成了自身鲜明的特点，我国电子商务发展的特点主要由以下几点，具体内容如图 1-3 所示。

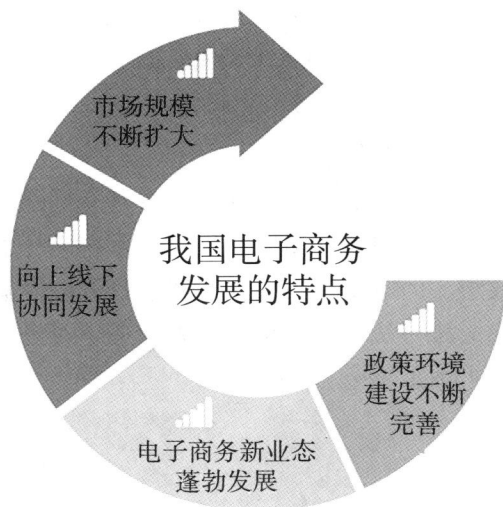

图 1-3 我国电子商务发展的特点

（1）市场规模不断扩大

随着时代的不断发展，人们越来越多地使用网络平台进行购物，网络购物用户人数与电子商务交易额迅速增长，网络购物平台争相提升自身的服务质量，丰富服务方式，不断扩大市场。与此同时，电子商务市场规模的不断扩大也带动了就业的增长与税收的提升。

（2）线上线下协同发展

国务院办公厅于 2016 年印发的《关于深入实施"互联网 + 流通"行动计划的意见》（以下简称《意见》）中提到"鼓励具备条件的城市探索构建线上线下融合发展的体验式智慧商圈，促进商圈内不同经营模式和业态优势互补、信息互联互通、消费客户资源共享，抱团向主动服务、智能服务、立体服务和个性化服务转变，提高商圈内资源整合能力和消费集聚水平"。《意见》在很大程度上增强了我国企业线上线下融合发展的信心，线上企业加速布局线下，纷纷开设实体店与线下产品体验中心。线下企业则积极利用互联网，发展电子商务，探索商业模式的转型升级。线上与线下两种经营生产模式正在通过多种方式逐步连接，使得商业服务体系得到不断地完善。

（3）电子商务新业态蓬勃发展

我国电子商务的发展不仅体现在市场规模的扩大与交易额的提升上，还体现在电子商务新业态，新模式的不断产生和发展。房屋租赁、就业服务、婚恋交友、交通出行、团购点评等电子商务经济业态百花齐放，为消费者匹配消费需求，提供全方位的服务。

（4）政策环境建设不断完善

经济基础的发展需要上层建筑的支持与规范，同样，电子商务的蓬勃发展需要不断完善相关政策环境。我国十分重视电子商务的发展，因此，出台一系列政策，为电子商务的发展营造良好的政策环境。与此同时，出台和完善相应法律法规，维护消费者权益，对电子商务市场加以规范，促使其健康可持续发展。

第二节 跨境电商的产生与发展

一、跨境电子商务的内涵

（一）跨境电子商务的内涵

1.跨境电子商务产生的背景

（1）全球经济一体化趋势日趋加深

全球经济一体化程度加深的重要推动因素之一就是跨国公司在全球范围内的扩张，跨国公司业务的不断发展促使生产要素在全球范围内进行重组。跨国公司的扩张促进了商贸活动的全球化发展，生产性服务业的全球需求也在不断增长。

在跨国公司进行全球扩张的同时，世界新兴经济体的经济发展也取得了巨大的成效，市场开放程度越来越高，生产和消费能力得到巨大的提升，人们对于境外商品的需求欲望提升。随着生产、消费、市场全球一体化趋势不断加强，多国政府与国际组织也积极推动国际贸易的发展，国家（地区）之间的贸易协定大量签订，贸易全球化水平进一步提升，跨境贸易迅速发展。

（2）传统国际贸易增长呈现疲软态势

随着 2008 年国际金融危机的爆发，给世界经济的发展带来沉重的打击，各国经济增长均放缓了脚步，全球范围内的传统国际贸易增长呈现疲软态势。在后金融危机时代，各国都在探寻经济发展的新路径，与传统国际贸易形成鲜明对比的是，跨境电子商务在近年来实现了高速增长，跨境电子商务的迅速崛起成为全球经济发展的又一驱动力。

（3）关联基础设施发展与完善

跨境电子商务（以下简称跨境电商）的基础是电子信息技术、互联网技术、国际物流能力、国际支付与结算技术等相关技术的基础设施建设，由于跨境电商面对的是世界市场，涉及众多技术领域，因此，若没有相关基础设施的支持，跨境电商将难以实现。

跨境电商是基于互联网技术得以实现的，网络基础设施恶建设扩大了互联网的覆盖率，提升了网络速度，为跨境电商市场的扩大奠定了技术基础。交易是跨境电商关键的环节，交易的安全与否直接影响到人们对于跨境电商的使用，支付技术与金融网络的建设，为跨境电商提供了安全、方便的支付载体。交易活动离不开物流，而跨境电商最为显著的特点之一就是商品的运输距离长，以交通运输与物流网点为代表的物流基础设施建设，满足了跨境电商商品的调配与运输需求。

2. 跨境电商的概念

跨境电商的概念有广义与狭义之分，这种区分与电子商务概念的广义、狭义之分有一定程度上的类似。

狭义的跨境电商指的是具体的跨境商品交易，基本等同于跨境零售，即分属不同关境的交易主体，借助网络平台展开交易活动，通过电子支付技术进行支付结算，并通过跨境物流将商品送达消费者手中的过程。狭义的跨境电商概念强调交易过程的虚拟化与交易主体所属关境的不同，在内容上仍将跨境电商局限于具体商品交易。

广义的跨境电商指的是电子商务技术在跨境商务活动之中的应用，是传统贸易活动的电子化、数字化和网络化。广义的跨境电商既包含分属不同关境的交易主体，通过通过网络技术实现跨境贸易中各个环节的电子化，包括商品展示、商品信息查询、贸易洽谈、支付结算、消费反馈等。同时也包含以线上洽谈和交流的方式的方式促进线下贸易的开展，线上管理、在线数据传递、线上业务管理等，可以说，只要是电子商务技术在不同关境主体之间商务活动中的应用，都可以纳入跨境电商的范畴。

（二）跨境电商的相关概念

1. 跨境电商平台

跨境电商交易平台是指经过海关认可并与海关进行联网以实现跨境贸易电子商务进出口商品达成交易、货款支付、商品配送等功能的综合性平台。通过跨境电商交易平台开展对外商品销售，可以摒弃传统贸易过程中比较冗繁的中间环节，贸易双方可以在平台上直接会面商谈，增加了沟通的便利性，交易效率明显提升，国内企业特别是传统生产制造企业可以直接把自己的产品卖到国外，去除了中间贸易成本，获取的商业利润可以大幅度增加。

2.跨境电商企业

跨境电商由于运输距离较远，商品跨国，因此跨境电商活动的主体一般是企业。跨境电商企业指的是利用电子商务平台进行跨国商务活动的企业。其中，电子商务平台既可以是企业自己建设与运营的，也可以是第三方电子商务平台。

跨境电商企业主要包括三类主体，分别是自建立跨境电商平台并从事对外贸易业务往来的企业，该类企业一般是全面掌握电子商务技术、资金雄厚且具有相当实力的大规模企业，该类企业在跨境电商企业数量中只占少数；第二类是利用第三方跨境电商交易平台从事对外贸易的企业，该类企业没有自己开发的电子商务平台，一般情况下也不具备开发平台的实力，以中小微型企业为主，在跨境电商企业中占据绝大数量比例；第三类是专业做跨境电商平台的企业，具备跨境贸易电子商务平台开发的专业技术，为第二类企业开展对外贸易业务提供服务，如货款支付、通关、国际物流等配套服务。

3.电子商务通关服务与管理平台

跨境电商涉及的主体众多，不仅仅包括交易的双方、电商平台与物流系统，由于跨境电商涉及商品的跨国运输，因此还涉及各国海关与相关管理部门。

电子商务通关服务平台与电子商务通关管理平台均是由政府与海关负责建设，为跨境电商提供服务，对跨境电商实施监管。电子商务通关服务与管理平台的建设可以规范跨境电商活动，并提升跨境电商商品的通关效率。

二、跨境电商的特征

跨境电商是全球化背景下电子商务国际贸易新业态，跨境电商以电子信息技术与现代物流为主要手段，将传统的国际贸易转移到网络之上，提升跨境贸易的效率与质量。跨境电商具有鲜明的时代特色与特征，我们在分析跨境电商的特征时，主要从其与传统跨境贸易之间的不同出发来探寻跨境电商的特点。跨境电商的特征主要包括以下几点。

（一）全球性

1. 媒介的全球性

网络作为当代世界信息交流的主要媒介，同时也是跨境电商开展的基础，网络最突出的特点之一就是具全球性，其信息与数据的传递不受地域的限制，能够在全球范围内实现信息的。随着互联网技术的不断发展，逐渐形成去中心化的网络信息交流生态，因此，依托于互联网而形成的跨境电商同样具有全球性与非中心化的特征，人们在开展跨境电商的过程中不需要有太多地理因素的考量，这种无边界交易是跨境电商与传统跨境商务活动最大的区别之一。

2. 交易的全球性

跨境电商在很大程度上促进了全球范围内商品的流通与贸易的发展，企业与个人用户可以将自己的产品放到网络平台之上，通过全球性平台公布商品的具体信息，充分展示商品性能，供全球消费者选择。与此同时，消费者也可以在全球范围内任意挑选商品，这种交易模式打破了空间的限制，使得不同类型、不同关境的贸易主体可以自由进行商品的交易，而交易的过程则是通过网络进行，极大提升了交易的便利度。

3. 服务的全球性

跨境电商不仅仅包含具体的交易，还包含与交易相关的一系列服务，跨境电商提供的所有服务，包括产品宣传、信息咨询、物流配送、售后服务、服务贸易等均具有全球性的特征。

互联网技术的重要功能之一就是提升信息的交流的效率与便利度，互联网能够打破时间与空间的限制，使不同地区的人们能够自由地在线上进行交流，具体到跨境电商领域，企业能够通过互联网，将商品的详细信息与具体功能介绍给世界各地的人们，人们也可以通过不同类型的网络信息平台与商家关于交易活动展开充分的交流。

在传统的商贸活动中，企业普遍通过海报、报纸、电视广告等一系列方式介绍自己的产品，但受制于具体的宣传路径与媒体的传播能力。这种方式成本较高、宣传范围有限，对于许多宣传资金不足的中、小型企业来说很不友好，特别在跨境商务领域，由于不同国家之间的宣传媒介并不统一，相对独立，因此，企业的宣传工作与信息交流更是难上加难。

随着信息技术的发展，企业可以通过网络进行商品的宣传与信息交流，由于网络具有全球性的特点，只要企业将自身商品或服务的具体信息展示在网络平台之上，消费者就可以通过浏览相关网站自主进行商品的搜索与筛选，同时，资金充足的企业也可以在网络上投放广告，随着互联网用户规模的不断扩大，网络广告的宣传作用已经超过了传统媒体。特别是在跨境电商领域，互联网帮助企业将自己的商品在全球范围内进行展示，在提升宣传能力的同时，极大缩减了宣传成本，同时也使得全球消费者能够有更多的选择，这是传统商务活动所不具备的功能。

全球范围内的物流配送也是跨境电商服务全球性的重要体现。跨境电商在全球范围内展开贸易，而有形的电子商务离不开物流配送，因为实体商品的交易是要通过物流来实现的。跨境商务活动在物流领域突出的特点是物流距离远，因此，物流配送难度相对较高，而这一问题在跨境电商中则得到了很好的解决。首先，跨境电商的生产商、供应商、经销商和物流企业可以通过互联网建立远程合作关系，拓宽物流配送的渠道。其次，企业可以与不同区域的物流公司建立合作关系，或通过国际物流服务实现商品在全球范围内的配送。通过网络建立起来的物流体系能够实现不同关境之间货物的高效配送，满足跨境电商的需求。

（二）实时性

1. 商品交易的实时性

跨境电商的信息传递是以互联网为媒介的，互联网本身具有信息传输速度快和信息传送量大等特点，且互联网传送信息的速度受地域距离的影响非常小，人们可以在不同的国家进行实时交流，因此，在商品交易的过程中，信息传递的实时性也是跨境电商的显著特点。

在网络普及之前，传统的信息传递主要以信函、传真、电话等方式为主，信息传递效率相对低下，不仅信息传递的周期较长，能够传送的信息量也相对较小，且信息传递的成本也相对较高。在传统的信息交流模式下，商务信息的时效性较差，交易双方难以针对具体问题进行及时的沟通与交流，互联网技术的发展与普及使得信息传送不受空间的限制，地理上的距离被互联网无限拉近，商品的交易、信息的收发可以在很短的时间内完成，极大提升了交易的效率。

在传统贸易活动中，消费者在购买商品时，由于掌握的相关信息量较少，时常出现对与交易不满意的情况，这是信息交流不及时带来的信息差造成的，信息的不对等也使得消费者在购买商品时的选择较少，一般都是电视、报纸、好报等媒体宣传，或者通过朋友介绍与自身的亲身体验进行商品的选择，这些方式限制了消费者对于商品的选择。而电子商务的出现，则在很大程度上改变了这一现状，电子商务将商品的具体信息呈现在网络平台之上，消费者不仅可以及时获取商品的价格变动、更新迭代、参数变化等信息，还可以在同一时间对同类型产品展开横向对比，进而根据自己的购买标准以及产品的具体信息选择心仪的商品。

2. 信息交流的实时性

跨境电商的实时性不仅体现在商品的交易过程中，还体现在商务活动的各个环节之中，信息是交流的核心，信息的实效性对于商务交流来说十分重要。在传统的商务活动之中，企业之间的交流需要面对面进行，或者通过信函、传真的方式，这种方式效率低下，特别是对于参与跨境商务活动的企业之间的交流来说更是如此，由于参与主体所属关境不同，因此，信息交流的效率更为低下，信息交流的成本进一步提升，较低的交流效率与较高的交流成本使得参与跨境商务活动的企业之间的交流并不活跃，严重影响了企业之间的合作。在跨境电商中，企业之间可以通过线上会议或者电子邮件的方式快速实现商务信息交流，极大提升了信息交流的效率，使企业能够获取实时的信息，且节约了大量的人力、物力成本。

3. 数据分析的实时性

跨境电商还体现在企业内部的信息数据分析上，对于跨境电商来说，数据分析十分重要，其内容包括网上市场调研、用户分析、数据分析、市场行情分析，等等。跨境电商面对的是全球市场，因此，在进行信息管理与发展策划时，需要面对大量的数据，跨境贸易的良性运转正是基于对这些数据信息准确、高效的分析。

以市场行情分析为例，当今世界市场风云变幻，产品与服务的更新速度非常快，且不同地区之间的商贸特点各有不同，企业在进行跨境贸易时，相关数据搜集、分析、处理的不及时都会造成对行情判断的滞后，甚至错误，这种对于市场行情的错判会严重影响企业发展战略的制定，因此，数据分析的实时性对于企业发展来说尤为重要，许多例子表明，企业的战略发展规划若是不符合时代发展的要求，就会使产业蒙受巨大的经济损失，甚至导致直接失去市场竞争力的情况。

特别是对于跨境电商来说，面对的是全球市场，不同国家之间的具体产业发展情况与市场需求存在较大的差异，这就对企业信息的获取与分析能力提出了更高的要求。跨境电商以网络为依托，能够实现好行情数据的及时获取，提升数据分析的效率以及实效性，极大提升了企业对于行情判断的准确性，为企业做出正确的战略规划奠定坚实的基础。

4.管理的实时性

相比于电子商务，跨境电商涉及的商务主体更多、信息量更大、贸易过程更为复杂，广义的跨境电商包括跨境商贸活动的各个环节，自然也包括企业内部的管理活动。保证跨境电商企业内部的信息管理、客户关系管理、人力资源管理、供应链管理以及财务管理等领域的准确性与高效性，对于跨境电商企业的运行来说十分重要。

在传统的企业内部管理运行机制当中，指令的下达、人事的变动、财务的管理等，通常都是通过会议或纸面文件进行的，这种方式不仅消耗人力物力，而且效率低下，还容易造成指令传达不明确，或执行者对于指令理解错误的情况。基于互联网技术的现代管理系统，具有较高的效率与准确性，且节约了大量的管理成本，上述一系列管理活动都可以通过线上的方式来完成，处理过程准确且高效，对于跨境电商企业的内部管理具有巨大的促进作用。

（三）无形性

1.交易过程的无形性

无形性是跨境电商与传统商务的显著区别之一，在传统的商品交易中，消费者和企业面对的是实实在在的商品，消费者选定商品后，通过面对面交易或者订单配送的方式完成交易活动。但是在跨境电商中，由于距离的限制，交易活动往往难以面对面进行，商品信息查询、选择、订购、支付等环节都是在无形的网络上进行的。

在跨境电商活动中，商品与服务均是通过数字化的形式呈现给人们的，大量的商品与不同类型的服务通过不同的网络服务平台传输到网络世界的每一个角落，有着不同需求的人们根据网络提供的信息选择商品与服务，最终完成交易。可以说，跨境电商是使用"无形"的手段进行有形商品交易的过程，其交易的成果的有形的，但整个交易的过程却是无形的、虚拟的。

2. 数据传输的无形性

网络的发展使数字化产品和服务的传输盛行。而数字化传输是通过不同类型的媒介，如数据、声音和图像在全球化网络环境中集中而进行的，这些媒介在网络中是以计算机数据代码的形式出现的，因而是无形的。以一个 E-mail 信息的传输为例，这一信息首先要被服务器分解为数以百万计的数据包，然后按照 TCP/IP 协议通过不同的网络路径传输到一个目的地服务器再重新组织转发给接收人，整个过程都是在网络中快速完成的。

跨境电商是以网络技术为依托的，而网络中的数据传输是无形的，因此，从跨境电商所依托的技术手段来观察，无形性是跨境电商显著的特征。

3. 服务贸易的无形性

服务贸易指的是一国的法人或自然人在其境内或进入他国境内向外国的法人或自然人提供服务的贸易行为。服务贸易的内容是服务而非有形的商品，服务贸易包括商业服务、通信服务、建筑及有关工程服务、销售服务、教育服务、环境服务、金融服务、健康与社会服务，等等。

广义的服务贸易既包括有形的活动，也包括服务提供者与使用者在没有直接接触下交易的无形活动。随着时代的发展，服务贸易日益成为贸易活动的重要组成部分，特别是在跨境电商领域，无形的服务贸易发展更为迅速。教育、金融等领域的许多服务可以完全通过线上的方式进行，大大便利了人们的生活。

（四）匿名性

1. 交易主体的匿名性

正是因为跨境电商具有全球性与无形性的特点，因此其用户量相对较大，且区域分布较为分散，因此难以确定用户的具体信息。跨境电商的参与者，无论是商品、服务的提供者，还是消费者，一般都会隐藏全部或者部分的个人信息，网络所提供的用户身份、名称、地理位置等信息也具有很强的不确定性。网络作为一个虚拟的平台，为人们提供了自由交流的环境，在现实生活中，人们用真实的身份信息学习、工作、生活，而在跨境电商中，匿名行为基本不会影响网络交易的进行，且网络的匿名性也允许电子商务的各参与主体这样做。

2. 交易过程的匿名性

跨境电商的匿名性还体现在交易的过程中，在传统的商品交易中，部分商品的交易过程需要签收单据，人们通常会将自己的真实姓名签在单据上，以作为交易过程的凭证。而网络为跨境电商提供了虚拟的交流平台，匿名的行为会让人们感觉更加自由，在匿名的状态下，人们可以享受最大的自由，而承担最小的责任。人们匿名在虚拟的网络世界中自由进行商品与服务的交易。在交易的过程中，跨境电商各参与主体多以匿名的形式参与到电子商务活动中来，在整个交易过程中，交易的双方匿名进行交流，网络阶段的安全服务也为人们的匿名交易提供了保障。

（五）无纸化

1. 无纸化办公

跨境电商采取无纸化办公模式，信息时代的到来，使计算机取代了传统的纸和笔，成为人们办公的主要工具，跨境电商的信息传递也是通过电子邮件进行的，实现了无纸化办公。

自纸发明以来，其凭借独特的优势成为信息记录的主要工具，从古代一直到现代，纸在信息传递方面的作用不可替代。在传统的商务活动中，纸可以说是最为重要的办公工具之一，文件的传输、信息的传递、合同的签订以及商务活动中的多种票据，都需要以纸为载体。可以说，纸既是人类文明的重要载体，也是日常生产生活中不可或缺的信息记录工具。

跨境电商是诞生于信息时代的新的商务模式，因此，跨境电商企业的办公模式具有鲜明的信息化时代特色，在企业内部管理与办公过程中，对于纸不再具有迫切的需求，企业凭借网络展开管理与办公，通知、公告、会议等均可以通过线上的方式来完成，这种无纸化办公模式，不仅提升了办公效率，减少了企业的成本，而且节约了大量的资源，这也符合现代环保的理念。

2. 无纸化交易

随着电子信息技术与互联网技术的不断发展，计算机逐渐取代纸张成为信息记录的重要工具。在跨境电商中，商品运输距离长，商务活动参与各方距离较远，因此，以纸作为信息记录与交流的工具会导致信息交流时间过长，严重阻碍跨境电商交易的效率，而且，由于贸易的迅速发展，贸易中涉及商品的种类繁多，数量庞大，无论是物流还是海关，将纸张作为信息记录的主要工具将难以应付大量的商贸交易①。

因此，在跨境电商的整个运行环节，计算机几乎取代了纸张，成为信息交流与记录的主要工具，无纸化交易也成为跨境电商显著的特点之一。

三、我国跨境电商的发展历程

（一）跨境电商 1.0 阶段（1999—2003 年）

我国跨境电商 1.0 阶段的特点是以网上展示、线下交易的外贸信息服务为主要的商业模式。跨境电商 1.0 阶段第三方平台主要的功能是为企业信息以及产品提供网络展示平台，并不在网络上涉及任何交易环节。此时的盈利模式主要是向进行信息展示的企业收取会员费（如年服务费）。跨境电商 1.0 阶段发展过程中，逐渐衍生出竞价推广、咨询服务等，为供应商提供的一条龙信息流增值服务。

在跨境电商 1.0 阶段中，阿里巴巴国际站、环球资源网为典型的代表平台。阿里巴巴成立于 1999 年，以网络信息服务为主、线下会议交易为辅，是中国最大的外贸信息黄页平台之一。环球资源网 1971 年成立，前身为亚洲资源网，是亚洲较早的贸易市场信息提供者，并于 2000 年 4 月 28 日在纳斯达克证券交易所上市，股票代码 GSOL。

在此期间还出现了中国制造网、韩国 EC21 网、Kellysearch（开利）

---

① 徐凡. 跨境电子商务基础 [M]. 北京：中国铁道出版社，2017：27-29.

等大量以供需信息交易为主的跨境电商平台。跨境电商 1.0 阶段虽然通过互联网解决了贸易信息面向世界买家的难题，但是依然无法完成在线交易，对于外贸电商产业链仅完成信息流整合环节。

（二）跨境电商 2.0 阶段（2004—2012 年）

这个阶段，跨境电商平台开始实现线下交易、支付、物流等流程的电子化，逐步实现在线交易。与跨境电商 1.0 阶段相比，跨境电商 2.0 阶段更能体现电子商务的本质，借助于电子商务平台，通过服务、资源整合有效打通上下游供应链，包括 B2B 平台及 B2C 平台两种模式。跨境电商 2.0 阶段，B2B 平台模式为跨境电商主流模式，通过直接对接中小企业商户实现产业链的进一步缩短，提升商品销售利润空间。这个阶段大致又可以细分为三个时期。

1. 2004—2006 年

在这个时期，很多人，确切地说一批海外留学生在 eBay（易贝）、亚马逊上交易虚拟货币，大龙网最早也是以此为主要业务起家的，很多人就是通过售卖游戏币，赚到了人生的第一桶金。2006 年后，网络游戏没那么流行了，随后 2007 年 eBay 宣布不再从事虚拟的游戏币交易，这个阶段也就随之终止了。2004 年王树彤从卓越网离职后创办敦煌网，主打小额在线批发。2006 年以 eBay 起家的 Dealextreme（即后来的 DX）上线，以销售电子产品为主。2007 年兰亭集势上线，是中国第一家有风投参与、以自营为主的外贸电商平台。这个时期平台电商开始活跃。

2. 2007—2010 年

2007 年，eBay.cn（eBay 中国）上线，主营外贸方式的 B2C 跨境电商。并逐渐夺取跨境电商市场。2008 年国际金融危机全面催生和成就了中国外贸 B2C 行业，越来越多的进口商开始尝试以小额度多频次的形式来规避风险。网络支付工具 PayPal（贝宝）的流行及快递渠道的完善，更是进一步打破了网络贸易全球化的壁垒。

在传统外贸市场受到金融危机打击后，国内产生大量的剩余产品。为解决这一问题，同时寻觅新的商机，电商平台不断探新的销售渠道。这时，跨境电商主要做法有两种：一种是成为亚马逊或 eBay 大卖家，另一种就是建立独立网站。前者比较适合中小企业和创业者。但随着规模的壮大或资本的介入，一些更有雄心的外贸 B2C 卖家则开始直接建立批发兼零售的独立网站以谋求更高的利润空间，如兰亭集势等。

3.2011—2012 年

2011 年后，跨境电商作为一种相对成熟的贸易形式开始为大家所熟知，国家对于跨境电商的重视程度也进一步加强，典型的表现就是一系列法规的出台，以及各地区政府对于跨境电商的扶持力度加强，跨境电商行业的竞争也随之日趋激烈，越来越多的企业、供应商、物流商、服务商涌入跨境电商行业，新业态、新模式不断产生，我国的跨境电商迎来了快速发展的时期。

（三）跨境电商 3.0 阶段（2013 年至今）

2013 年成为跨境电商重要转型年，跨境电商全产业链都出现了商业模式的变化。随着跨境电商的转型，跨境电商正式步入了 3.0 时代。

首先，跨境电商 3.0 阶段具有大型工厂上线、B 类买家成规模、大中额订单比例提升、大型服务商加入和移动用户量爆发五方面特征。其次，跨境电商 3.0 阶段服务全面升级，平台承载能力更强，全产业链服务在线化也是 3.0 阶段的重要特征。在跨境电商 3.0 阶段，用户群体由创业草根向工厂、外贸公司转变，且具有极强的生产设计管理能力。平台销售产品由网商、二手货源向一手货源好产品转变。3.0 阶段的主要卖家群体正处于从传统外贸业务向跨境电商业务艰难转型期，生产模式由大生产线向柔性制造转变，对代运营和产业链配套服务需求较高。最后，3.0 阶段的主要平台模式也由 C2C、B2C 向 B2B、M2B（生产商直接面对经销商）模式转变，批发商与买家的中大额交易成为平台主要订单。

数据显示，2016 年以来，我国跨境电商行业的交易规模几乎保持了 20% 以上的增速，网经社电子商务研究中心与网经社跨境电商台发布的《2020 年度中国跨境电商市场数据报告》显示，2020 年中国跨境电商交易规模达 12.5 万亿元。海关总署数据显示，2020 年全国跨境电商进出口总额达 1.69 万亿元，按可比口径计算增长 31.1%。其中，出口额 1.12 万亿元，增长 40.1%；进口额 0.57 万亿元，增长 16.5%。全年通过海关跨境电商管理平台验放进出口清单达 24.5 亿票，同比增加了 63.3%。

第三节 跨境电商人才需求分析

一、跨境电商人才培养的意义

（一）促进区域经济发展

1. 成为区域经济发展的重要推手

跨境电商则是电子商务产业与全球化发展、信息技术发展结合的产物，是全球化时代背景下电子商务在世界范围内铺展开来的重要表现，跨境电商通过电商平台与国际物流，将不同国家的商品与服务联通起来，实现商品、服务在全球范围内的交易与配送。跨境电商面向世界市场，拥有庞大的市场与多样化的需求，因此，可以带动区域服务业、制造业、物流业等产业的发展，为区域经济发展提供新的驱动力。

人才是强国之本，是产业发展的基础与核心，国家十分重视跨境电商的发展，在出台相关鼓励跨境电商发展的政策的同时，也对跨境电商人才培养提出了新的要求，并于 2020 年批准开设跨境电商专业，进一步明确了跨境电商人才培养的重要性。由于跨境电商发展历程较短，跨境电商课程体系构建尚不完善，因此，大量从业人员都是电子商务专业人才、计算机专业、物流专业以及管理专业等专业的人才，缺少专业对口的跨境电商专业人才，跨境电商产业目前存在较大的人才缺口。

跨境电商不是电子商务、物流、管理等专业的简单结合，而是涉及众多学科的一门具有自身特色的专业，跨境电商产业目前缺少的正是拥有较高综合素养的高素质应用型人才。因此，跨境电商人才培养能够有效填补跨境电商产业的人才缺口，促进跨境电商产业的发展。

跨境电商产业属于电子商务产业的重要组成部分，同时也是电子商务产业在全球范围内推进的重要体现，大力开展跨境电商人才培养，有利于促进电子商务产业的进一步发展，进而促进区域经济的发展。

2. 促进区域产业优化升级

目前，跨境电商产业正如东升的旭日，在产业结构优化调整的同时，展现出强劲的发展势头，跨境电商的发展使电子商务产业借助全球化的浪潮在世界范围内开展业务。当今时代，在全球化背景下，竞争范围的扩大与竞争激烈程度的上升促使企业进行优化升级，企业迫于市场竞争压力的优化升级将进一步促进产业优化升级。

区域产业优化升级的实现需要高素质人才的支持，而当前的跨境电商产业人才结构与人才素质尚有较大的提升空间，从业人员素质参差不齐，知识结构体系五花八门，不能有效促进跨境电商产业的优化升级。跨境电商人才培养具有很强的目标指向性，针对跨境电商产业对于人才的需求目标构架课程体系，确定培养模式。因此，跨境电商专业培养出的人才符合跨境电商产业发展和优化的需求，能够促进跨境电商产业的优化升级。

跨境电商产业本身作为一各新兴产业，代表着产业发展的方向，是推动区域乃至国家经济发展的新力量，具有昂扬的生命力，通过人才培养的方式为跨境电商产业的发展奠定坚实的基础，促进跨境电商的进一步发展，这本身就是以新的经济驱动力代替旧的经济驱动力的过程，是优化区域产业结构的过程。

（二）促进区域教育的发展

1. 促进高校办学能力的提升

跨境电商作为一个崭新的专业，是无法在传统的教育框架下展开人才培养实践的，其需要在先进教学理念的指导下，适配符合时代发展需求的人才培养模式，需要一套新的人才培养方案以及教育教学机制。高校若想有效开展跨境电商人才培养，就必须使用全新的教育理念和人才培养模式，保证培养出的人才符合跨境电商产业发展的需求。

跨境电商人才培养需要深化产教融合，促进校企合作，学校应该为学生创造良好的实践技能学习与训练环境，通过校企合作办学、构建校企共同体、建设校企人才教育培训基地等方式，提升校企合作育人的水平，为学生能创造充足的实践机会，帮助学生将理论应用于实践，再通过实践深化对于理论的认识，丰富学圣对于跨境电商行业的认知，使其掌握的间接经验转化为直接经验，达成跨境电商人才培养的预期目标。

在跨境电商人才培养的过程中，高校自身也获得了巨大的提升，通过与企业的充分合作，不断深化产教融合，通过跨境电商人才培养的实践，实现职业教育理念与模式的突破，通过与企业联合进行教师培训，壮大了师资队伍，提高了师资的素质。产教融合的参与主体还包括政府，高校在产教融合人才培养的过程中与政府展开良性互动与合作，政府的政策支持和制度保障为高校办学能力的进一步提升创造了良好的环境。

因此，在跨境电商人才培养中，高校是人才的培养者，是高素质人力资源的提供者，同时自身也是这一过程的受益者，丰富了教学经验、增强了教学水平、提升了办学能力。

2. 促进区域整体教育水平的提升

高校办学能力的提升对于区域整体教育水平的提升具有一定的带动作用，高校教育模式的改革对于区域教育的改革也具有一定的参考作用。

首先，高校作为区域教育发展的重要组成部分，其办学能力和教学水平本身就是区域教育水平的重要体现。跨境电商人才培养是地区政府、高校和企业整合教育资源，统筹人才培养能力的体现，跨境电商专业具有很强的实践性，因此在人才培养的过程中需要在政府的引导下，实现校企深入合作。跨境电商人才培养是一个推动区域教育水平提升的契机，利用这个契机，政府、学校和企业三者可以共同探索出更加符合时代教育发展方向的人才培养模式。

其次，成功的校企合作与产教融合实践，能够为区域人才培养的发展树立典型，政府充分发挥自身统筹规划与教育宣传的职能，将成功的跨境电商人才培养方案在区域内广泛推广，作为一种新型人才培养模式，不仅仅是对于跨境电商专业人才培养，对于高校其他专业的人才培养也具有重要的借鉴和参考价值。

（三）促进学生个人价值的实现

高校对于跨境电商人才的培养主要从三个方面展开，分别是理论知识教学、实践技能训练以及综合素养培养，高校三位一体开展跨境电商教学活动，目的就是培养出跨境电商领域的高素质应用型人才。对于大学生来说，个人价值的实现主要包括以下两个方面。

1. 满足个人的生存需要

个人需要的满足需要以足够的物质生活资料为支撑，人是不能脱离社会而存在的，因此，人类个体生存的重要前提就是通过社会获取其物质生活资料，这自然也是个人价值得以实现的基础。跨境电商作为新兴产业，目前存在巨大的人才缺口，因此，开展跨境电商教育，能够促进学生就业，满足其基本的生存需要。

2. 满足个人的发展需要

人的发展需要是一种高级的需求，随着实践的发展与社会分工的不断细化，人们不是只满足于片面的发展，而是追求更全面的发展。跨境电商人才培养不仅重视培养学生的专业能力，同时还重视促进学生的全面发展，重视对于学生综合素质的培养和提升。

二、跨境电商对于人才的总体需求

（一）跨境电商需要大量专业性人才

近年来，中国跨境电子商务的发展十分迅速，电子商务交易规模不断扩大，这一新兴的产业为社会经济发展注入了新鲜的血液，大量企业开始涉猎跨境电子商务的相关业务，将优质的产品展现给世界，并在全球范围内开展业务。国家也给给予相应的政策扶持，为跨境电子商务的发展营造更加宽松的政策环境，并在高校设立相关专业，培养专门性人才，为跨境电子商务的发展源源不断地输送人才。

在跨境电子商务在展现出勃勃生机的同时，行业存在人才缺口的问题也慢慢体现出来，专业性人才供不应求。人才的培养需要一定的周期，特别是与新兴产业密切相关的人才培养体系，需要从头开始健全教学体系，包括开设专业、招收学生、规划课程、确定教学模式、制定评价体系，落实实践训练等诸多环节，人才培养的速度难以满足市场对于人才的需求，自然会导致人才缺口的出现。

伴随着国家对于"互联网+"的大力支持，许多传统企业也开始借助互联网开展跨境业务、拓展海外市场。未来，市场对于跨境电子人才的需求会更加旺盛，这就要求学校与社会加强合作，深化产教融合，提升跨境电子商务人才的培养效率，填补跨境电子商务的人才缺口。

（二）跨境电商对于人才的新要求

跨境电子商务不仅对于人才的需求量大，而且对于人才的专业素质也提出了新的要求。

跨境电子商务与普通电子商务最明显的区别之一就是，其参与主体来自不同的国家和地区，设计不同国家和地区之间在经济、文化、政策、法律等领域的交流。因此，跨境电子商务要求人才不仅要具备传统电子商务的基本知识与能力，还应该具备国际贸易、跨境营销、国际物流管理、心思搜集与分析，以及外语等领域的综合知识与文化素养。

在跨境电子商务对于高素质专业人才的要求中，跨境电子商务人才除了需要具备综合的知识体系，还需要具备较强的实践能力，而提升人才实践能力的重要方式之一，就是在人才培养阶段，高校应该避免纸上谈兵，深化产教融合，培养和训练学生的实操技能，帮助学生成为具备综合素质的业务能手。

三、跨境电商对于人才能力的需求

（一）国际贸易技能

跨境电子商务属于国际贸易的范畴，全球性、数字化与跨国交易是跨境电子商务最为显著的特征，这就要求跨境电子商务人才需要具备国际贸易的相关技能。

首先，要熟悉外贸业务的专业内容与操作流程，这是跨境电子商务对于人才的核心要求。实践证明，目前许多涉及跨境电子商务的公司，并不缺少专业技术人员与高级管理人员，而是缺少能力全面的高素质业务人员，这就要求跨境电子商务的从业人员必须具备较强的专业素质与业务能力，熟练掌握国际贸易的相关专业技能，熟悉进出口与外贸业务的操作流程。

其次，跨境电子商务的从业人员还需要了解国际贸易的相关法律法规，没有规矩不成方圆，在当今时代，一切商业贸易活动都是在法律法规的约束下进行的，不熟悉相关法律法规，就会存在违规违法与财产损失的风险。

（二）电子商务技能

从跨境电子商务的名称中我们就可以看出，以互联网为基础的电子商务平台是跨境电子商务的贸易媒介，这就要求跨境电子商务的从业人员必须具备电子商务相关技能，拥有较强的信息检索与搜集能力、良好的网络营销与宣传能力、优秀的沟通与交流能力，跨境电子商务的从业人员还需要掌握商务管理能力以及电子商务系统的运行与维护能力。

（三）国际物流管理技能

商贸与物流密不可分，国际物流是跨境电子商务的重要组成部分，国际物流管理不是简单地管理运输货物，还包括这一过程中涉及的各种领域的操作性或知识性技能。

跨境电子商务人才需要熟练掌握国际物流的相关知识，包括商品的采购与管理、供应链系统的管理、货物运输方式的选择、物流风险的管控、不同国家的海关通关规则以及保险相关知识等。

（四）跨境网络营销技能

跨境电子商务借助网络平台进行商品的交易，这就要求从业人员需要具备良好的跨境网络营销能力，跨境网络营销与传统的营销之间存在较大区别，不仅仅体现在营销手段与营销平台上，还体现在许多具体的分析方法与操作流程方面。

首先，跨境网络营销需要从业人员具备大数据整合与分析能力，能够对相关产品在海内外市场的交易数据进行深入研究与分析，并最终形成结论性成果，为跨境电子商务提供数据分析支持。其次，跨境网络营销要求从业人员具备网络宣传与网络策划的能力，能够在网络平台上开拓海外市场。最后，跨境网络营销还需要从业人员具有国际市场预测的能力，通过市场调研与数据分析，预测国际市场的发展趋势。

（五）外语沟通表达技能

在跨境电子商务与电子商务最为显著的区别之一就是体现在名称之中的"跨境"二字，语言是交流与沟通的最重要载体，不同国家之间的电子商务交流需要大量的外语人才。

跨境电子商务人才需要具备良好的外语沟通与表达能力，因为客户来自不同的国家，因此得体、准确地交流与服务对于电子商务来说十分重要。同时，跨境电子商务会涉及大量的外文资料，需要对其进行高效、准确地识别与解读，并根据不同国家的交流习惯与交流礼仪来处理往来函电。

跨境电子商务人才在具备良好的英语综合素质的同时，还需要特别关注对于商贸相关专业外语的熟练掌握，在商贸活动运行过程中，能够快速、准确地对信息进行识别与表达。

第四节　国内外研究综述

一、产教融合研究综述

（一）国内产教融合研究综述

近年来，国内产教融合的研究日益增多，2017 年之后，相关主题的发文量呈现爆发式增长。在 CNKI 数据库中以"产教融合"为主题进行检索，共得到 7150 篇期刊文章，2019 年 6 月 10 日以后新增文献为 1850 篇。产教融合的发文机构大多集中于长三角地区的高职院校和北京、天津、上海的科研单位。产教融合的研究以人才培养模式、产教融合模式和产教融合制度保障居多，研究方向由教育链、人才链持续向产业链深入，形成四链融合的趋势。

1. 关于产教融合人才培养模式的研究

吴海东认为高职院校的专业教学在产教融合视域下面临着诸多问题，例如：专业教学标准与职业技能标准的匹配度低、专业课程体系与职业岗位（群）的契合度弱、专业教学模式无法适应产教融合的人才培养模式要求等。他从专业目标、教学内容和教学模式上提出相应对策化解专业教学无法适应产教融合要求的尴尬[①]。常晓宇从课程设置、支持保障、师资力量等发面论述了高职院校创新创业教学改革面临的困境，基于产教融合的视角提出相应对策，应构建多层次的教学模式、创建多元化的

[①] 吴海东. 高职教育教学改革的现实困境与实现路径 [J]. 教育与职业，2019，（22）：80–84.

课程体系、打造完善的教育实践平台、完善"双师型"教师数量[①]。周波等认为高等职业教育实践教学管理存在以下问题：目标定位模糊、软硬件保障不足、教材内容单一、校企协同不畅、考核评估不尽合理，他们提出在产教融合视野下，应该建立清晰地目标体系、完善的保障体系、合理的考核体系等[②]。张艳等通过对北京联合大学与苏宁集团尝试"1+X"证书的教学模式的梳理，验证了"1+X"证书模式对产教融合的意义[③]。程静等通过对重庆支柱产业的发展现状进行调研，发现重庆市目前的专业建设与支柱产业的人才需求出现工序不均衡的现象，从而提出产教融合视域下优化全市高职教育专业设置的建议[④]。杨品红等通过人才培养方案制定、教师队伍建设、课程体系设置、实习实训平台建设等方面来加强应用型本科水产专业转型的人才培养体系建设[⑤]。郑雪飞等认为地方应用型高校的音乐专业要从产教融合的视角提升教学认识、改善实习环境、建设有效的评价体系[⑥]。

2. 关于产教融合模式的研究

产教融合模式有多种类型，其中以产业集群为主。产业集群可以有效地降低校企双方的沟通成本、加强校企双方信任、深化企业之间的深度分工、促进区域品牌的建立等。霍丽娟认为建立一个多维协同产教融合生态系统需要遵循知识生产新模式特征，聚焦产教融合命运共同体建设，着力构建对接产业发展的专业集群，突出产教融合网络集群优势[⑦]。

① 常晓宇.基于产教融合的高职院校创新创业教育教学改革[J].教育与职业，2019，（21）：76-80.

② 周波，杨晓蝶.产教融合视野下高等职业教育实践教学管理探析[J].教育与职业，2019，（20）：90-92.

③ 张艳，刘军.高等职业教育课程嵌入"1+X证书"的教学模式探索与研究[J].商业经济研究，2019，（21）：179-182.

④ 程静，蒋丽华.产教融合趋势下重庆市高职教育专业对接支柱产业优化探究[J].教育与职业，2019，（22）：39-44.

⑤ 杨品红，石彭灵，罗玉双，等.产教融合水产专业转型人才培养体系构建及实践[J].实验室研究与探索，2019，（38）：214-217.

⑥ 郑雪飞.产教融合背景下地方应用型高校音乐专业实习教学研究[J].教育理论与实践，2019，（30）：61-62.

⑦ 霍丽娟.基于知识生产新模式的产教融合创新生态系统构建研究[J].国家教育行政学院学报，2019，（10）：38-44.

郑彬总结了广东产业集群的 5 种产教模式，分别为直接与知名企业开展校企合作的深圳模式、突出校协合作的广州模式、重视产学研协同创新的顺德模式、强调校镇对接的珠三角模式，以及以产业园作为产教融合载体的园区模式①。郑彬从产业集群视域下分析产教融合的优势与障碍，并提出地方政府运用经济手段和市场机制配置教育资源、激励集群企业参与职业教育，以推动集群区域产教融合的深入发展②。戴素江等提出以专业为纽带的需求对接机制、以网络为通道的平台共建机制等路径来尝试建立高职院校与产业集群之间的流动机制③。

3. 关于产教融合制度保障的研究

近年来，国家出台了多项文件来加强产教融合的实施，各省相关部门也相应出台促进产教融合的相关文件。然而，如何打通政策的"最后一公里"，制度实施是关键，制度保障对于深化产教融合有着至关重要的作用。目前关于产教融合制度保障的研究相对前沿，在知网和万方数据库中以"制度"和"产教融合"为关键词搜索出来的文献皆为最近两年的成果。李晓通过创设校企双方的劳动制度环境、构建产教融合分类指导制度等破解企业主体发挥不全、职业院校无法适应企业需求等问题④。曹晔梳理了新中国成立以来计划经济和市场经济制度的背景下产教融合的发展，为产教融合动力机制的研究提供了市场方面的制度参考⑤。

4. 关于产教融合动力机制的研究

国内产教融合动力机制的研究相对薄弱，近年来，呈现较大的增长趋势。邱晖将产教融合的顺利实施和可持续发展的动力机制看作由各主体利益平衡机制、相关制度保障机制以及多渠道经费投入机制三个部分

---

① 郑彬. 广东产业集群环境下职业教育产教融合模式探析 [J]. 中国高校科技，2019，（4）：69-73.

② 郑彬. 产业集群环境下职业教育产教融合的优势、障碍与对策 [J]. 教育与职业，2017，（22）：20-26.

③ 戴素江，王振洪，张雁平，等. 高职院校与企业集群互动机制研究 [J]. 高等工程教育研究，2015，（5）：157-162.

④ 李晓. 职业教育产教融合实施的关键问题及制度环境创设 [J]. 职教论坛，2019，（8）：32-36.

⑤ 曹晔. 新中国成立 70 年来职业教育产教融合制度的变迁与展望 [J]. 教育与职业，2019，（10）：19-25.

的共同体，需要通过寻求校企利益的契合点、完善管理和保障制度、建立多元化投入机制来进一步深化产教融合[1]。卢美圆运用耗散结构理论分析高职院校产教融合的动力因子分别是内涵发展驱动力、内部资源支撑力、教育理念影响力、政策导向推动力、企业需求牵引力、办学之间的竞争压力，由此提出需要健全开放合作机制、完善资源优化配置机制、健全要素融合机制等[2]。张旭刚从利益相关者的视角，将政府、职业学校、行业企业、学生四者的利益博弈关系视为农村职业教育产教融合实践活动的核心动力机制，他认为应该通过以下四类机制来保障农村职业教育的产教融合：动力生成聚合机制、一主多元共治机制、利益平衡调节机制、动力系统保障机制[3]。刘耀东认为产教融合中为缓解企业逻辑和学校逻辑之间的冲突，需要建构良好的合作运行机制[4]。

（二）国外产教融合研究综述

国外产教融合的研究起步较早，美国、德国、澳大利亚等发达国家均形成了成熟的产教融合制度，形成了政府、行业工会、学校、企业合作办学的办学机制、校企合作的资金分配机制、资源共享机制。瑞士形成了联邦政府、州政府与各行业机构的三方合作机制，职业教育是三方共同的责任；职业教育委员会由职业学校、企业和行业协会分别承担。美国产教融合的研究以社区学院的合作教育和五年一贯制科技高中为主，德国以"双元制"研究为主，澳大利亚的产教融合主要集中于 TAFE 学院的研究。国外产教融合的研究主要集中于人才培养模式和产教融合和动力机制的研究。

---

[1] 邱晖，樊千.推进产教深度融合的动力机制及策略[J].黑龙江高教研究，2016，（12）：102-105.

[2] 卢美圆.基于耗散结构理论的高等职业教育产教融合动力机制研究[J].教育与职业，2016，（20）：11-14.

[3] 张旭刚.乡村振兴战略下农村职业教育产教融合发展动力机制研究[J].教育与职业，2019，（10）：19-26.

[4] 刘耀东.产教融合过程中企业逻辑和学校逻辑的冲突与调适[J].国家教育行政学院学报，2019，（10）：45-50，95.

二、跨境电商人才培养研究综述

回顾国内外有关跨境电商人才的研究，主要集中于跨境电商人才培养模式的研究，对跨境电商人才需求问题的研究较少，本部分将主要介绍跨境电商人才培养策略的研究回顾。

在跨境电商产业迅猛发展的背景下，市场对跨境电商人才的需求大增，导致跨境电商行业长期存在巨大的人才需求缺口，因此，如何帮助跨境电商企业解决人才问题，破解跨境电商人才困局，国内外学者见仁见智，均从不同角度提出了政策建议。

基于政府角度，朱超才提出政府应积极推动有条件的高校开设跨境电商专业，并鼓励高校中国际商务、商务英语、市场营销等现有专业应结合跨境电商发展背景做出一定的调整，针对跨境电商行业协会则要在政府、企业与高校之间架起桥梁，制定跨境电商人才培养标准，建立人才资源库，用以及时了解跨境电商人才的需求动态。有学者建议政府应调研企业人才需求实际情况，制定切实可行的跨境电商人才引进和培养政策，完善人才的激励机制，为吸引人才和培养人才营造一个良好的环境，同时也鼓励大学生到跨境电商企业实践、就业，做到宏观调控跨境电商人才的供给。

基于高校角度，学者们从高校的课程体系、培养方案等角度提出了相应的建议。例如，张爽等指出高校的人才培养体系、人才保障体系不系统完善，并分别从上述两个角度分别提出建议。高寿华探究了当前国际贸易专业培养体系存在的问题，并从课程体系、校企合作、搭建实践平台几方面提出了人才培养建议。牛堃阐述了培养新型商务英语人才的必要性，并提出了可行性的建议，比如，建议高校与企业合作，根据企业实际需求制订务实可行的培养计划。刘幸赟基于跨境电商背景下，提出了高职院校市场营销专业人才培养改革的必要性以及相关建议。丁慧琼和程国丽论述了当前跨境电商会计人才培养的不足之处，并基于"互联网＋"背景下提出了改进培养跨境电商会计人才的模式以及思路。

张夏恒指出通过应用和推广"互联网＋教育"模式，培养符合市场需求的人才，推广校企联合与协作的培养模式，打通人才供应与需求的连接渠道，同时打通自训、他训与院校培养多元化的跨境电商人才培养渠道；在校企合作和充分调研的基础上，以园区企业和市场的需求为导向，及时对学生的课程体系做一个合理的调整，同时加强师资力量的培养力度，使老师对行业的发展动态保持敏锐观察力，进而培养符合企业要求的人才；以满足企业实际需求，解决人才供需方的矛盾。另外，还有诸如连远强、王琼、陆燕萍等大量学者均对高校的跨境电商人才的培养策略或培养路径进行了研究。

综上所述，目前关于跨境电商人才培养的研究集中在人才培养路径领域，学者利用多种研究方法，搜集、分析大量数据，力求探索出一条符合我国跨境电商人才培养实践的路径，以培养出更多的高素质应用型人才，为我国跨境电商行业提供人才保障，并进一步促进我国经济的发展。

第二章 当前高校跨境电商人才培养模式的可提升空间

第一节 跨境电商人才培养模式概述

一、人才培养模式概述

（一）人才培养模式的内涵

人才培养模式一词从构成来看，主要由两部分组成，分别是"人才培养"与"模式"。人才培养指的是通过各种知识教育和实践训练，帮助个体提升文化知识水平、增强实践技术与能力、提高思想政治觉悟、完善思想道德体系的过程。

"模式"一词在现代社会中经常被提及，指的是主体行为的一般方式，是一种标准化的形式或者样式，是理论与实践的中介。现代汉语词典认为模式是"某种事物的标准形式，或使人可以照着做的标准样式"。

人才培养模式是人才培养系统中最重要的组成部分，人才培养模式虽然与人才培养紧密相关，但人才培养模式与人才培养是两个不同的概念，人才培养是一个复杂的系统工程，涉及人才培养的理念、目标、主体、对象、途径、模式与制度等要素，各个要素有机结合在一起，共同组成一个完整的人才培养系统，而在这一系统中，人才培养模式无疑是最为重要的一环，因为其关系到人才培养的具体实施过程，是人才培养的核心环节。

综上，我们可以结合人才培养与模式的含义，以及人才培养模式在人才培养系统中的地位，对人才培养模式的含义有一个总体的认知。人才培养模式概括起来就是培养人的方式，具体来说，指的是学校或者其他社会组织，为帮助个体实现发展，对个体进行知识教育和实践训练的一种标准化样式和体系。

（二）人才培养模式的特点

人才培养模式首先具有模式的一般特性，即具有理论与实践的中介性和实践操作的可效仿性。其次，人才培养模式还具有自身独有的特点。其一，人才培养模式必须具有合规律性。人才培养模式对于人才素质的构成具有重要的影响，因此，人才培养模式必须符合社会发展对于人才素质结构的需求。人才培养模式作为人才培养的关键环节，必须符合学生的认知规律以及学生自身认知的规律。人才培养模式作为教育的重要组成部分，还应该符合教育活动的一般规律。其二，人才培养模式作为人才培养实践的基本架构，必须具有的目的性，人才培养模式的构建与施行必须有明确的目标指向，以确保人才培养的过程不偏离既定的轨道。其三，人才培养模式具有主体性，即人才培养模式构建和运行的各个环节要紧紧围绕"人"这一主体开展，贯彻以人为本的理念。其四，人才培养模式具有开放性，即人才培养模式的构建和创新不能仅仅局限于教育系统内部，而是要将其置于整个社会发展系统之中，不能使人才培养脱离社会进行。其五，人才培养模式具有保障性，科学的人才培养模式必须有完善的保障措施作为配套，包括师资保障、制度保障、物质资源保障，等等，只有完善人才培养模式的保障机制，才能确保人才培养模式发挥其应有的作用。

二、跨境电商人才培养模式

（一）跨境电商人才培养模式相关研究

由于跨境电商专业的发展历程较短，人才培养模式的各个环节都存在尚待完善的空间，还有较大的发展潜力，因此，跨境电商人才培养模式尚处在不断的探索和发展之中。

当前，高校人才培养模式的发展呈现多样化趋势，大量的新思想、新模式、新理念涌入高等教育的人才培养体系之中，不断丰富着高校教育模式，促使其更加符合新的教育发展趋势和社会发展需求。目前，国内学术界关于跨境电商人才培养模式的研究，无论从数量上来看还是从研究深度上看都有了很大的提升。

在跨境电商人才培养模式的研究之中，学者普遍认为跨境电商教育应以培养高素质应用型人才为目标，以提升学生的综合素质为人才培养的重点，无论是理论教学，还是实践训练，都应重视理论联系实践，巩固学生基础专业知识的同时，提升学生实践技能。

目前，关于跨境电商人才培养模式的研究主要侧重于培养内容与培养形式的研究，在培养内容方面，研究者普遍认为跨境电商人才培养的突出特点是学科交叉教学与综合素质培养。由于跨境电商涉及众多学科，跨境电商岗位也缺乏具有较高综合素质的人才，因此，跨境电商人才培养的内容应该具有全面性的特点。

在培养方式的相关研究中，研究者普遍认为跨境电商人才培养应该采取理论教学与实践训练相结合的教学方式。跨境电商专业的特点之一就是具有很强的实践性，需要学生熟练掌握跨境电商相关的实操技能，提升学生的业务能力，使学生能够在走出校门后快速适应工作岗位，展开工作。与此同时，跨境电商作为一门年轻的学科，需要有科学的专业理论作为学科立足和发展的基础，同时，也需要学生具有与扎实的理论基础，这样才能符合高等教育的专业性。

（二）我国跨境电商人才培养模式

1. 传统人才培养模式

由于跨境电商发展历程相对较短，因此，在高校开展跨境电商人才培养初期阶段，许多高校仍沿用传统的人才培养模式，包括以理论教学为主的模式、校内理论与实践相结合的人才培养模式以及浅层次的校企合作人才培养模式等。

以理论教学为主的人才培养模式在传统的研究型人才培养中应用较多，因为理论是研究的重要基础，许多研究成果的取得是建立在理论研究与大量实验的基础之上的。跨境电商人才培养与传统的研究型人才培养之间存在较大的差别，跨境电商是时代催生出的产物，对于人才的实践技能与综合素质的要求较高。理论对于实践固然有重要的指导作用，跨境电子商务作为一门年轻的专业，也需要组织构建自身的理论知识体系。但是，目前跨境电商行业最为紧缺的是具有较高综合素质的应用型人才，而人才的培养应该以社会对于人才的需求为目标指向，因此，跨境电商人才培养应该重视对于学生实践能力的培养，传统的以理论为主的教学模式并不适合跨境电商人才培养的实际，大部分学校选择探索新的人才培养路径。因此，这种教学模式随着时代的发展逐渐淡出主流的跨境电商人才培养实践之中。

校内理论与实践相结合的人才培养模式是对传统以理论为主的人才培养模式的优化与升级，在原有理论教学的基础上加入实践教学的内容，科学设置理论与实践课程，合理安排理论与实践教学的课时。在该模式的具体执行过程中，实践教学一般采用两种形式。第一种是在理论教学的过程中融入实践的内容，培养学生的实践素质，以及通过新的教学技术在课堂上教授学生相关实践知识。第二种是在校内开设相关实践教学课程，学校充分利用校内资源开展实践教学，为学生搭建实践平台，训练学生的实操能力。这种跨境电商人才培养模式能够体现高校对于学生实践能力提升的重视，而且由于实践教学局限于学校范围之内，因此操作难度相对较小。

校企合作是跨境电商人才培养的必然趋势，在跨境电商教育发展的过程中，我国高校学习国内外先进的经验，根据自身条件逐渐开展校企合作。早期的校企合作一般停留在浅、中层次的校企合作阶段，这种校企合作人才培养模式一般是以学校为人才培养的主体，企业与学校在人才培养的具体环节上展开合作。比如，企业可以为学生提供实践与实习的场所，学生可以在企业中进行实践技能的训练，在特定的学习期可以进入企业，在具体岗位展开实习。企业还可以为教师提供培训，促进跨境电商教师的专业化发展，也可以为学校提供资深从业人员担任兼职教师，帮助学校打造一支高素质的跨境电商师资队伍。随着跨境电商行业的迅速发展，以及国家不断深化产教融合的号召，高校跨境电商人才培养校企合作的水平不断提升，逐渐形成了政校企协同的跨境电商人才培养模式。

2. 政校企协同人才培养模式

我国跨境电商人才培养模式的相关研究虽然处于探索阶段，但也取得了一系列研究成果，学者结合我国跨境电商发展的实践，提出了许多关于高校跨境电商人才培养的建议。与此同时，我国高校也在教育实践中通过不断的探索寻找科学构建跨境电商人才培养模式的路径。其中，政校企协同人才培养模式受到许多研究学者以及高校的普遍认同，该模式也成为我国高校在培养跨境电商人才时应用最为广泛的模式之一。

政校企协同人才培养模式指得是学校、政府和企业充分发挥自身的优势，以政府为引导、以高校为依托、以企业和行业为主体，协同开展跨境电商人才的培养。这种人才培养模式将跨境电商人才培养的各个利益相关主体结合在一起，对于跨境电商人才培养模式进行统筹构建，提升了人才培养模式的科学性与全面性，使培养出的人才具备综合的素质和熟练的实操技能，能够符合跨境电商市场发展的需求。

第二节　跨境电商人才培养现状

一、跨境电商人才培养模式现状

（一）培养体系逐渐成熟

近年来，跨境电商迅猛发展，对于经济增长发挥了巨大的推动作用，同时，跨境电商作正处于蓬勃发展的时期，呈现出良好的发展势头。行业的发展离不开人才的支持，因此，国家对于跨境电子商务人才的培养也愈发重视。跨境电商人才主要来源于社会相关行业以及高校专业培养，其中，高校教育是跨境电子商务人才培养的主要途径。在政策的支持下，高校陆续开设跨境电商专业，还有部分高校虽然没有成立跨境电商专业，但开设了相关课程。在这种大环境下，跨境电商逐渐成为新兴热门专业，伴随着教育实践的开展，高校跨境电商人才培养体系不断完善。

跨境电商专业的设立，标志着高校跨境电商人才培养体系逐渐从稚嫩走向成熟。因为在跨境电商成为一门独立的专业之前，其通常仅仅作为一门课程存在于电子商务或对外贸易等学科之中，一门专业课程的课时与内容都十分有限，只能让学生对跨境电商相关知识有所涉猎，几乎不可能培养出专门的跨境电商人才，只有将跨境电商设立为独立的专业，才能系统性地进行人才培养体系的构建。

在跨境电商成为一门独立的专业之后，跨境电商的相关知识真正融合在一起，开始形成具有自身专业特点的、相对完整的知识体系，从学习者的角度来看，学生能够系统地学习从事跨境电商行业所需要具备的各类知识与技能，能够通过跨境电商专业的学习完善自身的知识与技能结构，掌握一门专业技能，有利于自身今后的就业与发展。从教育者的角度来看，跨境电商专业的设立使学校能够更有针对性地组织开展跨境电子商务人才培养，构建独立的跨境电子商务人才培养体系，这样才能保证培养出具有较强专业性的高素质跨境电子商务人才，提高人才培养的质量，提升高校的办学水平。

近年来，随着跨境电商的迅猛发展，国家对于跨境电商人才培养的重视程度不断提高，高校跨境电商培养体系的建设不断完善，逐渐形成相对成熟的跨境电商人才培养模式，当然，跨境电商作为一个新兴的产业，跨境电商专业作为一门年轻的专业，其人才培养模式的完善还有很长一段路要走，这需要政府、高校和企业通过力合作，不断深化产教融合，齐心协力，努力构建更为完善的跨境电商人才培养模式。

（二）课程体系不断优化

课程是是教学活动主要开展的平台，课程体系是高校跨境电商人才培养体系的核心组成部分，课程体系是教学内容和进程的总和，规定了培养目标实施的规划方案。课程体系包括课程观、课程目标、课程内容、课程结构和课程活动方式等内容，随着高等教育改革的推进和跨境电商人才培养体系的不断完善，跨境电商课程体系也处在不断地改进与优化过程之中。

首先，从课程观和课程目标来看，高校对于跨境电商人才培养的目标逐渐明确，并以此为根据建立更加科学的课程观与课程目标。课程观是人们对于课程的内涵、价值、内容、实施、评价等方面的基本认识和看法，课程观受政策、经济、文化等多种因素的影响，不同的课程观往往代表着不同的教育思维方式，同时，不同的课程观也会直接影响课程目标的制定。我国高校从跨境电商产业发展与人才培养的实际出发，树立科学的课程观，制定符合社会发展需求的人才培养目标，保证了跨境电商人才培养沿着正确的方向前进。

其次，高校跨境电商的课程内容与课程结构也处在不断的优化之中，跨境电商专业的发展历程相对较短，因此在课程设置方面缺乏成熟的经验，在产教融合理念的指导下，高校不断探索更加科学的课程设置模式。合理的课程设置需要综合考虑跨境电子商务行业的发展趋势、跨境电子商务行业对于人才的需求、学生的专业基础、理论与实践课程的安排，等等。跨境电商涉及不同学科的大量的知识点，我国高校对于跨境电商专业的这一特性具有清晰的认知，不断探索新的课程设置方式，根据这些知识点的内在逻辑联系整合课程内容，根据跨境电子商务专业的知识体系与跨境电子商务行业的实际需求调整课程结构，取得了较理想的成果。

（三）教学方法不断改进

教学方法是为了完成教学任务所采取的方法，直接关系到人才培养的实践教学过程，是教学环节最基础的组成要素之一，因此，教学方法的科学与否直接影响到教学的质量。

跨境电商是时代的产物，跨境电商专业的教学方法自然也不能套用传统的教学方法，我们在介绍跨境电商人才培养模式的理论基础时，对于能力本位理念、以学生为主体的理念以及混合学习理论进行了详细的介绍，自跨境电商专业设立以来，我国高校的纷纷将新的教学理念与现代教学技术运用到跨境电商人才培养之中，在教学实践中不断总结经验，根据高校自身的特点以及学生的特点调整教学方法，改进教学模式，形成了各具特色的跨境电商教学体系，不但在培养出了大量的跨境电商人才，同时也为其他高校开展跨境电商教育提供了经验指导，有利推进了我国高等教育改革的进程。

（四）师资力量不断壮大

随着近年来跨境电商的迅猛发展，国家和社会对于跨境电商人才培养的重视程度不断提升，任何行业的发展都离不开高素质的专业性人才，而人才培养的关键则在于师资队伍的建设，没有高素质的师资队伍，人才的教育与培养便无从谈起。我国政府和高校充分认识到师资对于跨境电商人才培养的重要作用，因此开展一系列措施提升跨境电商师资队伍的素质。

目前，我国优化跨境电商师资队伍的主要途径有两个：一个是促进教师专业化发展，即通过多种途径，对现有的跨境电商教师进行培训，提升其专业素质，提高其教学水平；另一个则是通过人才引进的方式从校外引进人才担任跨境电商专业的教师，优化师资结构。近年来，我国高校跨境电商师资队伍不断壮大，无论是从教师数量上，还是从师资质量上都有了很大程度的提升。

二、跨境电商个人才培养模式的可提升空间

（一）人才培养体系有待完善

虽然我国高校跨境电商人才培养取得了显著的成效，但是不能否认的是，跨境电商毕竟是一门发展历程相对较短的专业，人才培养的经验相对缺乏，相关的教学实践也正处于不断探索的阶段，人才培养体系仍然存在较大的可提升空间。

高校跨境电商人才培养是一个完整的系统，包含课程体系的建立、教学结构的设计、教学技术的配置、评价机制的构建等。因此，构建完整的教学和实践体系，形成一个系统化的培养方案，让学生综合学习理论

知识与实践技能，是我国跨境电商人才培养的首要任务。跨境电商具有鲜明的时代性，随着科技的发展，跨境电商的内涵不断丰富，各种新理念、新业态、新模式、新服务不断涌现，跨境电商人才培养也应该根据实践的发展不断丰富自身的内容，而这就需要跨境电商人才培养的每一个环节都需要不断发展和完善，这样才能促进整个人才培养结构的优化。

我国部分高校虽然开设了跨境电商专业，但是跨境电商人才培养体系的建设尚不完善，主要体现在未能统筹人才培养的各个环节，使之实现协同发展。比如，一些高校只注重教学方法的改进，忽视其他环节的建设，造成先进的教学方法搭配传统的人才评价模式，传统的人才评价模式对于教学活动重要的导向作用使得先进的教学方法难以实现预期的教学目标。再比如，部分高校教学采取了先进的教学理念，但仍然沿用传统的教学方法，这就使得先进的教学理念难以落实到实践教学之中。

人才培养体系的完善需要高校既要学习先进的人才培养模式，还要不断在跨境电商教学实践中总结经验，因为作为一门实践性较强的专业，跨境电商人才培养与区域发展特点和高校教育特点密不可分，既有的模式不能生搬硬套，否则难以达到预期的人才培养效果。高校应该在教育实践中总结理论经验，然后再用科学的理论指导跨境电商实践教学的开展。

（二）实践教学环节有待加强

对于跨境电商人才培养来说，课堂上的理论知识教学是远远不够的。前面我们提到，跨境电商是一门实践性很强的科学。这就要求在人才培养的过程中，重视对于学生实践技能的培养。

在教学过程当中，跨境电商的实践性体现在跨境电商专业的大部分课程都是以提升学生的应用能力为主的，这是由跨境电商行业的人才需求特点和跨境电商专业自身的特点决定的。学生只有将在课堂上学习到的理论知识转化为实践操作能力，才能在跨境电商的实际工作中真正做到的学以致用，当前跨境电商人才培养的主要目标是培养应用型人才，因此，实践教学环节在跨境电商占据着十分重要的地位。

知识从实践中来，最终还要应用到实践中去。学生在课堂上所学的知识是前人通过大量的实践活动总结形成的间接经验，是实践经验的精华，但是实践具有一定的时代性，课本理论知识体现的实践经验有一部分已经不符合当今时代发展的特点，特别是对于具有较强时代性特征的跨境电商专业来说更是如此。跨境电商的发展日新月异，新知识与新技术的更新速度非常之快，高校若想培养出符合社会发展所需的人才，就必须将教学与实践充分结合在一起，不仅教学内容要体现行业发展的新趋势，教学方法也要强调实践的重要性，是学生能够在实践中深化对于理论知识与行业发展的认识。

（三）先进的教学理念与方法尚需普及

虽然我国许多高校已经开设了跨境电商专业，有了一定的人才培养经验，但在实际教学过程中，仍然有部分高校的教学理念与教学方法相对落后，不能满足当前跨境电商人才培养的需求。

教学理念对于跨境电商人才培养具有宏观的指导作用，对于人才培养目标的制定具有重要影响，教学同时还反映着学校的特点。教学理念的影响因素有很多，包括经济发展情况、社会制度与政策、社会文化观念以及学校自身特点，等等。在跨境电商人才培养中，教学理念的先进与否体现在这种教学理念是否能反应行业发展的新趋势，是否有利于培养出符合社会发展所需的人才，是否有利于促进学生自身的全面发展，是否符合教育的一般规律。若想实现我国高校跨境电商人才培养质量的全面提升，就需要使先进的教学理念在更广阔的范围内传播。

教学方法同样也是如此，教学方法与学科特点是密切相关的，时代性、实践性和学科交叉性都是跨境电商专业突出的特点，这就决定了在跨境电商教学中，不能沿用传统的教学方法，而是要选择适合跨境电商的教学方法，比如，要重视理论与实践的结合，重视现代化教学手段的应用，可以采取模块化教学的方法理清复杂的知识体系之中的内在逻辑。先进的教学方法能够有效提升跨境电商教学的质量，但部分高校仍在沿用传统的教学方法，因此，需要继续加强先进教学经验与教学方法的宣传和普及力度。

（四）师资素质参差不齐

虽然近年来我国高校跨境电商专业的师资队伍不断壮大，但不同教师团队之间的教学水平和综合素质参差不齐，造成这种情况的原因主要有以下两个方面。

首先，部分教师的知识与能力结构不匹配，因为跨境电商发展历程相对较短，因此，跨境电商的相关从业人员的专业素质均存在一定的提升空间。特别是在教育领域，跨境电商方向的专业教师培养模式尚不完善，部分教育从业人员缺少足够的培养和训练，造成了部分教师知识与能力结构的不匹配。一些教师虽然拥有扎实的跨境电子商务理论知识，但是缺乏实践经验，难以在授课过程中很好地将理论与实践相结合，还有一些教师可能具备丰富的从业经验或较强的实践能力，但是教育领域的相关知识与能力相对缺乏，不能很好地胜任跨境电商教师的工作。

其次，部分任课教师来自其他专业或者是企业，其自身的跨境电商知识结构并不完善，同样是因为跨境电商发展历程较短，跨境电商专门的教育人员相对不足，因此，部分院校在构建跨境电商专业的教师团队的时候，会从其他相近的专业中以及跨境电商那企业中选择人才，比如电子商务、国际贸易、计算机科学与技术以及商务英语等专业。这些教师具有自身独特的优势，即具备较强的专业知识与技能，或者具备较为丰富的实践经验，能够胜任具体学科的教学工作。但这一类教师的劣势是知识与技能结构零散，不具备完整、系统的跨境电商专业知识，在教学过程中，不能很好地将具体的知识与跨境电商知识结合在一起进行系统的讲解。

第三节　国外产教融合育人模式的启示

一、国外校企协同育人模式

国外对于校企合作的研究早在 20 世纪初就已经展开，学者对于校企合作的理念、途径、模式、实行等方面进行了深入研究，与此同时，校企合作的实践也随着工业化的推进逐渐展开。

国外校企协同发展的时间历程相对较长，形成了多种不同的校企合作模式，对于国外校企合作模式的划分主要从人才培养主体出发进行分类，其主要内容如图 2-1 所示。

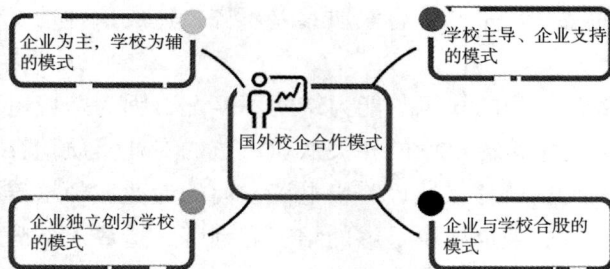

图 2-1　国外校企合作模式

（一）企业为主、学校为辅的模式

企业为主，学校为辅的模式的典型代表是德国的"双元制"职业教育模式，在这种模式下，企业首先根据自己的发展需要确定人才需求计划，然后将自己的人才需求计划交给行业协会，行业协会对于企业的用人需求进行科学系统地分析，并根据分析结果向政府提出相关建议，通过后，职业学校将会与企业签订相关协议，行业协会则负责培训计划和培训内容的制定，以及培训活动的实施。

这种人才培养模式将学校教育与企业培训有机结合，为国家职业教育和企业的发展注入了新的活力，为德国的经济发展培养了大量的高素质技能型人才，为战后德国经济的复兴奠定了坚实的基础。

（二）学校主导、企业支持的模式

学校主导、企业支持的形式的代表是英国的"工读交替"职业教育培养模式和美国的"合作教育"职业教育培养模式。

"工读交替"人才培养模式需要周密的安排和认真地组织才能实现学校与企业之间的深度融合。交替的培养形式有利于学生在实践中更好地理解和运用理论知识，训练自身的实践技能，对于生产活动的整个环节有一个总体的认识。

"合作教育"则在很大程度上减轻了学校的经济负担，使学校可以充分利用企业的相关设备和资源开展教学活动，学校和企业的联合在很大程度上优化了教育资源的配置，使学生在学习理论知识的同时也能进行相应的专业技能实践。

（三）企业独立创办学校的模式

在这种校企合作模式中，企业对于学校和人才的培养过程具有绝对的掌控权。在这种人才培养模式中，企业根据自身需要创办学校，学校的人才培养方案与企业的发展基本保持一致，所教即所需，学校可以与企业形成良好的对接，学生在走出校门后也能更加快速地适应工作岗位。学校是企业的一部分，学生学习的过程与参加工作的过程融为一体，在很大程度上提升了人才培养的效率。

（四）企业与学校合股的模式

企业与学校合股的办学模式，目的是扩大学校的自主权，让学校可以根据实践发展充分发挥主观能动性，制订教学计划，选择教学内容，有针对性地开展教学活动，以推动职业教育的发展。

这种校企合作模式有三个显著的特点。第一，学校不再隶属于教育部门，而是独立办学，自主经营的实体。第二，学校与企业共同形成了一个集教育功能、培训功能和生产功能为一体的组织，校企合作不再局限于表面，而是深入组织内部，形成学校与企业的深入融合，是双方实现共同发展；第三，学校拥有自己的董事会，学校的组织运行方式与企业基本一致。

二、国外校企协同育人模式的启示

（一）兼收并蓄推进跨境电商人才培养

目前，我国跨境电商人才的培养处于起步阶段，无论是跨境电商的课程体系、教学模式还是人才培养方案，都处在不断的摸索之中。跨境电商人才培养，属于职业教育的一部分，是职业教育在电子商务领域的新的培养方向。跨境电商是时代的产物，同时，也体现着时代的特征，蕴含着时代的发展方向。因此，我们要重视跨境电商的发展，重视跨境电商人才的培养。

目前，我国的跨境电商发展势头良好，潜力巨大，但是仍存在着一系列的问题等待我们去解决，仍存在着一系列难关等待我们去突破，仍存在着巨大的发展空间等待我们去探索，这是由于我国跨境电商发展历程不长造成的。在良好的发展形势下，完善跨境电商人才培养体系，拓展跨境电商人才培养路径，进而促进跨境电子商务的发展，促进社会主义市场经济的发展，就要求我们不能闭门造车，要谦虚学习他国的先进经验，去粗取精，兼收并蓄，同时，结合中国跨境电商的发展实践，拓展我国跨境通电子商务的人才培养路径。

（二）拓展跨境电商人才的培养路径

西方国家工业化的时间较早，因此其职业教育开展的时间也相对较早。经过长时间的积累，其职业化教育体系相对完善。跨境电商属于职业教育的一部分，因此国外职业人才培养模式对于我国跨境电商人才培养模式具有一定的借鉴意义，通过借鉴国外看职业教育的经验，我们可以少走许多弯路。

国外的校企合作办学模式对于我国的跨境电商人才培养具有借鉴意义，通过"校企共同体"平台，学校与企业实现互通与共赢。学校根据跨境电商发展的需求制定符合市场需求的人才培养目标与方案，改革跨境电商人才的培养模式，拓展学校的人才培养路径。

跨境电商人才培养模式路径的拓展主要包括校企合作协调、专业岗位设置调研考察、企业人才需要对接、职业岗位标准制定、针对性岗位培训、教学纲要和教材的制定、教学设计、教学模式选等。政府与社会也应该为校企合作提供良好的政策环境与社会环境，为校企之间的良好合作提供良好的环境保障。在良好的环境下，企业与学校之间能够展开更加有效地合作，将跨境电商的教学内容与企业的发展需求相融合，将课堂内容带入企业进行实践，将企业技术上的需求带入课堂解决，有利于提升跨境电商人才培养的效率，为我国跨境电商的发展源源不断地提供高素质人才。

（三）深化校企合作，重视校企衔接

跨境电商是在经济全球化背景下，电子信息技术与网络技术的支持下，跨境商务活动不断发展诞生的新的商务领域。理论来源于实践，正

是由于跨境电商呈现出巨大的发展潜力与良好的发展势头，于是催生出高校跨境电商专业。

纵观跨境电商的诞生与发展历程，市场与企业在其中扮演着重要的角色。跨境电商发展历程较短，国内外专业建设经验不足，人才培养体系缺乏实践参考与理论依据，这就决定了跨境电商课程体系的建设，仅凭高校是无法独立完成的，需要跨境电商企业的参与。

校企合作是促进高校跨境电商人才培养体系发展的重要方式，通过深化校企合作，企业可以为高校提供其特有的跨境电商教育资源与教育环境，为高校教师提供培训岗位，为高校学生提供实习场所，提升教师的专业素质，促进学生的实践技能学习。

第三章　基于产教融合的高校跨境电商人才培养模式构建方案

第一节　人才培养模式构建目标

一、跨境电商产教融合人才培养模式构建的总体目标

（一）跨境电商产教融合人才培养模式的总体目标组成要素

产教融合背景下，跨境电商人才培养模式的构建应该具有全新的内容与形式，需要充分体现产教融合人才培养理念的特色。

跨境电商产教融合人才培养模式构建的总体目标是从广义上观察跨境电商人才培养的整个系统，包括跨境电商人才培养的具体教学目标、教学内容与教学方法，跨境电商人才培养的相关教育管理制度与教学辅助体系的建设。跨境电商产教融合人才培养模式是一个人才培养的系统，其总体目标的构建应该涉及系统中的各个人才培养参与主体与人才培养环节，促使政府、学校企业等不同的主体有机结合在一起，共同进行人才培养模式的构建。

因此，跨境电商人才培养模式的构建应该以提升学生综合素质为出发点，综合考虑政府、高校、企业等各主体对于人才培养的需求与其在人才培养中的作用，充分结合培养模式、能力指标、体制机制等因素，从宏观的角度对于跨境电商产教融合人才培养模式进行科学建构。

（二）跨境电商产教融合人才培养模式构建的总体目标

跨境电商产教融合人才培养模式总体目标的构建，应该明确跨境电商产教融合人才培养的总体目标指向，高等教育的目标是培养高素质应用型人才，为企业提供高素质人力资源，提升产业从业人员素质，进而促进区域经济发展。高等教育立足地方，为区域社会建设与经济发展服务，这是高校进行应用型人才培养的出发点，同时也是政府促进区域高等教育发展的目的之所在。跨境电商人才培养作为高等教育重要的组成部分，也应该以服务区域经济发展为目标。跨境电商产教融合人才培养模式作为跨境电商人才培养的具体实施方略，其构建目标应该与人才培养目标相一致，只有这样，才能保证人才培养的过程不会偏离人才培养的目标。

综上所述，在产教融合人才培养理念的指导下，跨境电商人才培养模式构建的总体目标应该是构建以学生为主体、以多元化产教融合人才培养方式为手段、以提升学生综合素质为目标、以服务社会经济建设为原则的人才培养模式。

二、跨境电商产教融合人才培养模式构建的具体目标

（一）基于工作内容，构建模块化课程体系

在产教融合理念的指导下，跨境电商人才培养模式的构建需要明确具体的目标，高等教育的目的是为行业输送人才，那么在构建跨境电商各个专业人才培养的模式的时候，应当充分考虑专业所对应的工作岗位的具体人才需求，这就要求人才培养模式的制定者要认真做好调研工作，充分调动各种资源，针对具体的岗位进行系统的调查和研究，明确具体专业所对应的岗位对于人才素质的需要，岗位需要什么样的人才，人才的大概需求量是多少，对于人才知识结构有什么具体的要求，人才的准入资格是什么等问题，对于具体的工作内容有一个整体的了解。

市场调研的过程同样需要深入贯彻产教融合的理念，跨境电商人才培养相关信息的获取需要政府、学校与企业通力合作，政府应当充分发挥信息服务的作用，利用自身的信息获取、信息分析与信息发布优势，对行业发展的情况与行业人才结构等相关信息进行深入地分析，为学校提供信息资源的支持。企业应该积极配合学校的市场调研活动，特别是参与产教融合的企业，更应该承担起人才培养的重任，以培养高素质人才、促进产业优化升级、促进区域经济发展为己任。高校则应该明确自身在人才培养中的主导作用，对社会负责，对学生负责，重视人才培养模式的构建。

模块化教学是人才培养的有效手段，跨境电商人才培养不仅仅是培养人才的实操技能，还需要提升人才的综合素质，跨境电商模块化教学课程体系可以划分为专业知识模块、专业技能模块、综合知识模块、综合技能模块、人文素养模块等，不同的模块对应不同的课程安排与教学设计，帮助学生更加科学地进行具体模块的学习。

（二）基于顶层设计，制定人才培养方案

产教融合人才培养模式的顶层设计是包括政府、学校、企业在内的各个产教融合参与主体根据跨境电商各行业的发展需求和人才培养需求所确立的人才培养方案。跨境电商人才培养模式的顶层设计需要兼顾区域经济发展、产业、企业、学校与学生等各方的利益，使人才培养能够符合社会发展的整体利益，使学生能够实现更好地实现自身的价值追求。

产教融合的顶层设计具有整体性、全面性、科学性，基本内容包括校企合作的人才培养方式、工学结合的教学模式、理论与实践并重的模块化教学体系等，具体跨境电商人才培养方案的制定应该以顶层设计为基础，以为区域经济社会发展提供高素质人才为出发点，将理论知识学习与实践技能训练有机结合，重视学生整体素质的培养和提升。

人才培养方案是人才培养模式的重要组成部分，是人才培养的总体规划，对于跨境电商人才培养具有重要的指导作用，是教学活动开展的前提和路标，是校企协同育人的依据。人才培养的效果如何，很大程度上取决于人才培养方案设计的质量。

为提升人才培养的效果与效率，人才培养方案的设定应当简捷明了，

定位准确，思路清晰，跨境电商人才培养的各个参与主体应当经过充分研讨与科学分析，共同制定跨境电商不同专业的人才培养方案。

（三）基于行业需求，设置人才培养课程

产教融合背景下，跨境电商专业具体的课程设置应当符合行业发展的需要能够体现行业特色，重视学生跨境电商核心能力体系的构建。

在产教融合理念的指导下，跨境电商教学模式和课程设置脱离了传统人才培养模式的桎梏，校企协同育人的模式也将人才培养的主体从学校扩展到行业层面，校企协同的利益结合点就在于人才培养能够推动企业的发展，行业的需求即企业的需求，企业的需求即体现在人才素质结构上，而科学的人才素质结构则需要适配科学的课程设置。

跨境电商人才培养具体的课程设置应该以具体的工作过程为基础，全面分析跨境电商行业的具体工作流程需要人才具备何种素质，根据实践需要选择课程，设置课程体系，打破传统的课程组合形式，使跨境电商人才培养的课程设置能够符合具体岗位的需求，避免学生学到的知识庞杂且在实际工作中实用效果差的现象出现。

行业需求与企业需求是跨境电商人才培养具体课程设置的两个重要参考要素，深化产教融合要求学校与企业进行深入合作，校企之间建立长效合作机制，以此为前提，学校与企业在人才培养方面展开长期合作。跨境电商人才培养必须符合企业发展的需求，这样既有利于提升人才培养的精确性，也有利于深化校企之间的合作。

（四）基于课程设置，开发跨境电商教材

与其他专业学科的教学一样，在跨境电商教学的过程中，教材是关键的组成部分，教材是学生与知识之间的桥梁，承载着课程的专业知识，且教材内容的逻辑顺序也是经过科学分析而确定的，符合学生专业知识习得的内在逻辑，教材是人才培养不可或缺的部分，任何专业的教学都需要教材的辅助，跨境电商也不例外。

教材是专业知识的载体，教材的形式可以是书本，可以是实体或电子的教辅材料，也可以是辅助教学的多媒体影像。随着时代的发展，教

材的形式已经发生了很大的变化，但教材的重要作用却始终未变，其承载着一个专业基本的知识内容，是教师开展教学活动的重要辅助工具，是人才培养课程所包含知识的具体呈现，是学生获取知识的最直观途径之一。

在产教融合的背景下，跨境电商各专业教材的开发应该以满足本专业产学结合的需要为出发点，以典型的实务技能为重点，以实际工作需要为重要参考，重视学生基本理论知识体系的建构，突出对于学生实践能力的培养。

产教融合的各参与主体应该大力鼓励教育工作者根据跨境电商产业的发展情况与教学实践开发教材，并给予经费支持，帮助教育工作者开发出符合专业发展特色和行业发展需求的校本教材。

（五）基于教学体系，完善教学管理建设

教学管理制度的建设也是跨境电商人才培养模式构建的重要目标之一，有了科学的人才培养模式，符合人才培养需求的课程体系与教材，但若没有相应的教学管理制度作为保障，跨境电商人才的培养在众多外界因素的干扰下，就难以保证能够实现预期的人才培养目标。

教学管理制度有两个重要的作用，分别是规范作用与保障作用，在规范层面，相关部门通过制定严格的教学管理制度、科学的课程管理要求、合理的考核评价体系落实跨境电商专业人才培养体系，规范跨境电商人才培养的各个方面与具体流程，实现培养高素质人才的目标。

教学管理的保障作用主要体现在对于跨境电商人才培养的政策支持和制度保障上，跨境电商产教融合人才培养涉及众多参与主体，无论是企业还是学校，在落实产教融合的过程中都需要一定的政策支持。

第二节 人才培养模式构建原则

一、前瞻性原则

前瞻性原则指的是高校在构建跨境电商人才培养模式时，要充分研究跨境电商的发展趋势与人才结构的变化，并根据研究结果预见性地构

建人才培养的模式，使之符合行业发展的需求与学生自身发展需求。在跨境电商人才培养模式的构建过程中坚持前瞻性原则，需要从以下几点入手。

（一）科学判断跨境电商行业的发展趋势

当今时代，知识与信息更新的速度非常快，大量新技术和新发展理念不断产生，人才的培养本就需要一定的周期，若高校的教育内容未能做到与时俱进，那么其人才培养难免会滞后于行业的发展。高校若想真正提升人才培养的质量，使培养出的人才能够对行业的发展起到积极的推动作用，那么人才培养模式的构建不但要与时俱进，同时还要具备一定的前瞻性，这样才能培养出行业发展所需要的人才。

坚持前瞻性原则对于高校跨境电商人才培养模式的构建来说尤为重要，由于跨境电商是以计算机与网络技术为依托的国际贸易活动，因此，伴随着技术的突飞猛进与贸易内容的不断丰富，跨境电商行业的发展日新月异，这就导致了部分高校人才培养滞后于行业的发展。

高校跨境电商人才的培养是需要以社会经济发展需求为导向的，因此，教育者应该对于跨境电商行业的发展具有全面且深入的了解。跨境电商行业的发展是科技发展的成果，因此，技术在跨境电商中扮演着重要的角色，高校若想更加科学地构建跨境电商人才培养模式，就应该对于国内外跨境电商行业的最新发展情况具有一个总体的把握。

在对国内外跨境电商行业有一个相对清晰认识的基础上，教育工作者还应该结合跨境电商的发展历程以及行业的特点，综合研判跨境电商行业的发展现状，科学预测跨境电商专业发展的趋势。并在此基础上构建跨境电商人才培养的模式，使得跨境电商人才培养不落后于产业的发展，保证培养出的人才无论是在知识结构上还是在综合素质上都具备一定的先进性。

（二）明确跨境电商行业人才结构

高校跨境电商人才培养不仅要使学生的知识与技能结构具有一定的先进性，还要保证培养出的人才是符合行业发展需求的。这既是社会经济发展的需求，同时也是学生就业的要求。因此，高校在构建跨境电视哪个人才培养模式的时候，要对于区域跨境电商行业的从业人员结构有一个总体的认知，明确行业发展需要什么类型的人才。

行业的人才结构与行业发展和学生就业密切相关，行业人才结构体现了当前行业从业人员的构成情况，反映着行业发展对于人才的需求方向，高校只有明确了行业对于人才的需求，才能有针对性地构建人才培养模式，开展人才培养实践。

行业人才结构与行业所在地区的社会发展情况密切相关，由于不同地区之间的经济发展水平、经济结构、政策与文化环境均存在一定的差异，因此，同一行业在不同地区的发展情况、从业人员结构、发展趋势都有所不同，这就造成同一行业在不同地区对于人才的需求也不同。因此，高校在构建跨境电商人才培养模式时，需要结合地区的发展特点，有针对性地开展教学活动，特别是部分以服务区域发展为主要目标的地区高校，更应该重视人才培养与区域发展之间的联系，有的放矢地培养学生的专业能力，保证学生拥有充分的就业机会。

（三）贯彻创新发展理念

创新是引领发展的第一动力，当前我国的经济发展已经步入一个新的阶段，旧的发展模式已经不适应新时代的发展需求，这就要求我们抓住机遇扎实推进经济结构调整与转型升级，以顺应当前经济发展的新形势与新需求。当今时代，任何领域的发展都离不开创新，教育领域同样也是如此。在产教融合的背景下，教育创新体现在人才培养的各个环节，包括人才培养离理念、人才培养模式、人才培养评价体系和人才培养保障机制等各个方面。其中，人才培养模式的创新更是重中之重。

人才培养模式是人才培养的关键之所在，由于跨境电商是一门年轻的专业，且本身涉及大量的学科交叉学习，在教育理念、教育内容、教学方法等方面都与传统的学科具有很大的不同，因此，高校在构建跨境电商人才培养模式的时候，不能沿用传统的教育思路，应该具有创新思维，将新的发展理念融入人才培养之中，综合国内外先进的跨境电商人才培养经验，结合跨境电商的发展实践，有针对性地构建符合本校跨境电商教学思路与学生发展需求的跨境电商人才培养模式。

创新是高校教育发展的重要驱动力，没有创新，教学活动与教学内容就难以实现新的突破，特别是在新兴产业人才培养的过程中，更应践行创新发展的理念，探寻人才培养模式构建的新路径。

二、理论与实践相结合原则

跨境电商专业具有发展历程短、时代性强、实践性强等特点，且跨境电商从业人员的素质参差不齐，行业对于具有较高跨境电商专业素质的人才需求量较大。因此，高校跨境电子商务人才培养应该重视提升人才的专业素质，重视跨境电商专业理论课程的构建，帮助学生构建全面、科学的跨境电商知识与能力结构。

（一）重视以实践为基础的理论教学

虽然跨境电商行业需要大量的应用型人才，高校也重视对于跨境电商专业学生实操技能的培养，但跨境电商发展历程较短的特点决定了跨境电商专业必须将理论教学摆在人才培养的重要地位，因为一门年轻的专业若没有坚实的理论支撑，就会很难实现持续发展与创新。

由于跨境电商专业具有较强的综合性，因此，其涉及的理论知识非常多，包括跨境电子商务知识、外语知识、跨国物流知识、营销知识、平台运营知识、设计知识，等等。这些知识都是从事跨境电商行业所必需的知识。在设置理论教学课程时，应该根据学生培养方向的不同，分清主次，明确理论知识教学的重点，根据学生发展需要以及人才培养实践合理分配不同学科课时，在保证学生掌握扎实的理论基础知识的同时，拓展学而生的知识面，全面提升学生对于跨境电商的认知水平。

实践是理论的基础，同时也是检验真理的唯一标准，以实践为基础开展理论教学，还需要重视使理论教学符合实践发展的需求。跨境电商的内涵随着科技的进步与时代的发展而不断丰富，跨境电商人才培养需要与时俱进，因此，跨境电商理论教学的内容同样需要根据实践的变化不断丰富，以保证学生的知识结构符合行业发展的需求。

（二）提升实践教学的比重

跨境电商专业具有较强的实践性，跨境电商行业当前最需要的也是高素质的应用型人才，应用型人才的培养与研究型人才培养最大的不同点就是对于实操技能教学的重视程度不同，跨境电商行业对于人才的需求以及专业的特性决定了培养和提升学生的实践能力是构建跨境电商人才培养模式的重要内容。

在传统的高校人才培养理念中，重理论，轻实践的现象广泛存在，实践教学在传统的人才培养模式中所占的比重并不高，这种教育理念是不符合跨境电商专业发展要求的。无论从跨境电商专业自身的特点来看，还是从跨境电商行业对于人才的需求来看，实践技能的训练都是人才培养的重要环节。因此，高校跨境电商人才培养不能沿用传统的人才培养思路，要在课程设置上充分体现实践性，同时提升实践教学的比重，围绕培养和提升学生的实践能力组织教学。不仅要让学生知道知识"是什么"，还需要知道知识"怎么用"。不仅要具备系统的理论知识结构，还要能够将理论知识充分运用到实践之中。

（三）重视理论与实践的结合

跨境电商人才培养，既不能重理论而轻实践，同时也不能重实践而轻理论，理论与实践是相辅相成，相互促进的，理论来源于实践，科学的理论对于实践则具有积极的指导作用。在跨境电商人才培养模式的构建过程中充分将理论与实践相结合，需要在提升实践教学比重的同时，重视理论与实践教学的衔接。

跨境电商实践教学环节的安排需要科学地进行规划，实践教学需要与理论教学充分结合，相辅相成，跨境电商涉及的理论知识与实践训练非常庞杂，许多课程之间的内在联系较少，比如外语、物流、平台运营等教学模块，虽然都是跨境电子商务的基础构成内容，但是互相之间缺乏必然的联系，如果实践训练与理论教学搭配不科学的话，则很容易使得学生理论学习与技能学习产生错乱，不利于实现人才培养的预期目标，因此，跨境电商的实践教学应与相应的理论教学结合开展，不同的理论教学内容搭配对应的实践教学内容，形成模块化的人才培养模式。

在理论与实践有机结合的模块化教学模式下，学生能够及时将所学习的理论知识运用于实践当中，用理论指导实践，并在实践中不断深化对于理论知识的理解。学生在实践训练中获取的是直接经验，因此其对于学生知识与能力体系建构具有重要的促进作用。学生可以在实践中不断训练自身的实践技能，同时，还可以将在实践中遇到的问题带回课堂，师生共同研讨解决。

三、个性化原则

由于个体具有特殊性，不同的个体之间在成长经历、生活环境、性格特点、学习习惯、擅长领域等方面存在巨大差异。但也正是由于存在这种差异，才赋予人类实践活动以创造性，没有个性，就不存在创造。因此，新时代的高等教育十分重视大学生的个性化发展，倡导针对不同学生的特点开展教育，不能使学生的知识与能力结构趋同化发展。跨境电商作为一门年轻的专业，其人才培养模式的构建更应遵循个性化的原则。在跨境电商人才培养模式构建的过程中贯彻个性化原则，需要从以下两个方面入手。

（一）坚持以人为本的理念

人是实践的主体，以人为本是一种对人在社会历史实践中主体地位的肯定，以人为本既是一种价值取向，同时也是一种思维方式。强调在实践中尊重人、依靠人、为了人，在社会实践中将人摆在核心位置。以人为本的理念体现在高校人才培养的过程中就是坚持以学生为主体，重视学生的个性化发展。在高校跨境电商人才培养的过程中坚持以人为本，需要从以下四个方面着手。

1. 重视学生的主体地位

教育活动作为人类社会中重要的实践活动之一，同样需要坚持以人为本的理念，以学生为本，重视学生在教育活动中的主体地位。在高校跨境电商人才培养的过程中坚持以人为本，就要以学生为主体，以教师为主导，科学引导学生进行理论学习与实践训练，同时注重培养和提升学生的自主学习能力，凸显学生在自主学习中的主体性，以学生为主体，科学制定人才培养方案。

2. 重视学生的个性化发展

在高校跨境电商人才培养的过程中贯彻以人为本的理念，还要重视学生的个性化发展。当今时代，创新是发展的第一驱动力，在跨境电商领域同样也是如此。创新本身是一种创造性实践的过程，大学生创新思维和创新能力的培养和提升离不开个性化教学，只有尊重学生的个性，并在此基础上通过科学的引导促进学生的个性得到充分发挥，才能使学生充分发挥主观能动性，进而在跨境电商领域开展创造性实践。

3. 因材施教开展人才培养

因材施教指的是教师在教学过程中，根据学生不同的认知水平、学习能力、性格特点以及生活环境，有针对性地选择适合不同学生的教学方法进行教学。因材施教的教育方法由来已久，在《论语·先进篇》中，就记载了孔子因材施教的典型案例。因材施教是以人为本的理念在教学实践中的表现，是一种尊重学生个性化发展的教学理念。

具体到跨境电子商务人才培养之中，以人为本的理念要求教育工作者在教学过程中充分尊重学生个体之间的差异，通过跨境电商实践教学，使学生既掌握了知识与技能，又不会失去其个性。

4. 重视学生综合素质的提升

在高校跨境电商人才培养的过程中贯彻以人为本的教学理念，还需要重视对于学生综合素质的培养和提升。高校人才培养的最终目的是促进学生的全面发展，为国家培养高素质人才，因此，培养和提升学生的综合素质是高校教育永恒的主题。

高校跨境电商人才培养不仅要重视对学生专业能力的培养，还要重视学生综合素质的提升。这既是高等教育的目的，同时也是大学生自身发展的需求。跨境电商行业若想实现进一步的发展，不仅需要人才的专业能力过硬，同时也需要人才具有较高的综合素质，不仅是业务的好手，还能够妥善应对企业发展过程中各种类型的问题。

（二）灵活设置课程

在跨境电商人才培养模式的构建中坚持个性化原则，不仅需要坚持以人为本的理念，因材施教，还应该在课程设置上做到内容丰富、结构合理、与时俱进。

课程是教学活动的主要构成要素，课程的构建要充分考虑学生个性的发挥，帮助学生获得更好的发展。个性化原则要求在设置跨境电商课程的过程中，要充分考虑学生个性的发挥，在帮助学生掌握共性知识与能力的基础上，促进学生个性的发展，这样不但能为社会培养多层次、多类型、富有创新精神的人才，还能提升学生学习的积极性。

跨境电商课程结构设置应该具有灵活性，使学生在掌握基本知识体系的基础上，能够根据自身特点与兴趣选择不同的教学模块进行学习。课程结构可以根据学生的个体差异进行差异化、层次化教学，培养和发展学生不同的特长或专长。

在灵活构建跨境电商课程的过程中，需要注意两方面的问题。其一，灵活设置课程需要以保证专业基础课的课时为前提，学生个性的发挥是建立在扎实的专业知识基础之上的，脱离了基本的知识与技能体系去追求个性，那么构建起来的知识与技能结构必将成为无源之水、无本之木。因此，在跨境电子商务课程体系的构建中，应该重视必修课程的课时安排，不能随意调整或缩减必修课程的学时，以免影响基本知识的学习。其二，跨境电商课程设置要遵循科学性和系统性，灵活构建课程结构指的并不是打乱正常的教学秩序，而是在符合人才培养规律的基础上，为学生提供更多的发展途径。

四、订单化原则

（一）订单化原则概述

订单化原则指的是高校跨境电商人才的培养需要以企业需求为导向，根据企业订单确定人才的培养方案与具体课程的安排，使培养出来的电子商务人才符合企业发展的需求。

当今时代，人力资源已经成为企业核心竞争力的重要组成部分，高素质人才是企业得以在激烈的市场竞争中立足的关键，特别是在新兴行业中，高素质人才能够帮助企业在产业的蓝海中拓展市场，开辟新的发展道路，跨境电商行业即是如此。

在产教融合的大背景下，校企合作成为跨境电商人才培养的主要形式之一，学校与企业共同组成人才培养的主体，双方联合制定人才培养的方案，共同进行人才的培养，学校根据企业的需求培养人才，企业则为学校提供一系列帮助和支持，这种在产教融合理念指导下的校企协同育人的模式，催生出高校跨境电子商务人才培养模式中的订单化培养模式以及高校电子商务人才培养课程体系建设中的订单化原则。

所谓"订单"，即企业与高校签订一系列人才培养协议，共同进行人才培养，人才培养以企业需求为导向，培养出的人才则输送进企业，直接进入相关工作岗位开展工作。订单式人才培养模式是产教融合理念指导下重要的应用型人才培养模式，它是一种层次较高的校企合作模式，并逐渐发展成为一种人才培养原则。订单式培养方式可以实现招生与招工同步、毕业与就业联通、教学与生产融合，企业之所需即学校之所教，学生之所学即岗位之所用，这种培养方式具有很强的目的性与针对性，以企业的具体需求为指向，非常契合跨境电商人才培养的特点。

在跨境电商人才培养的过程中坚持订单化原则，能够有效沟通教育与就业两个环节，学校在人才培养中贯彻订单化原则，能够使跨境电子商务人才培养有的放矢，使培养出的学生无论是在知识结构还是在能力结构上都能符合企业发展的需求，提升高校跨境电扇人才培养水平，并在区域内起到模范作用。企业则能够通过与学校联合开展人才培养补充自身发展所需的人才，填补人才缺口，实现高质量的发展，在激烈的市场竞争中取得先机。学生则可以有针对性地开展理论学习与实践训练，最终顺利实现从课堂到工作岗位的过渡。而对于区域发展来说，校企之间良好的合作生态能够有效促进区域跨境电商的发展，进而促进区域经济的发展。由此可见，在跨境电商人才培养的过程中坚持订单化原则，能够实现区域、高校、企业和学生个人的共同发展。

（二）在人才培养模式构建中坚持订单化原则

1. 与企业建立长效合作机制

在跨境电商人才培养模式构建的过程中，订单化原则能够实现的重要前提和保障就是高校与企业之间建立长效合作机制，校企之间的合作要落实到具体的人才培养订单上，而不能浮于表面，这种校企合作人才培养模式必须以长效合作机制为基础，短期的合作值仅仅能解决部分学生的就业问题，而对于先进的人才培养模式的形成则帮助不大。

学校与企业之间始终保持密切的联系，明确企业需要什么类型的人才。每年在招收的新生中，由企业出资，依据自愿的原则选拔一批学生设立专门的班级，由校企双方共同进行培养，学生利用寒暑假进入企业实习，学生毕业后进入企业工作。在这一过程中，校企双方必须充分发挥人才培养主体的作用，为人才的培养提供足够的人力、物力和财力支持。

订单化培养原则要求学校与企业建立长期的合作关系。在校企合作中，校企协同育人需要校企双方建立相对稳定的合作关系。人才培养体系是由校企双方共同制定的，因此，高校的人才培养具有明确的岗位指向性，面向的是企业的需求。倘若学校与企业之间不能建立牢固、长效的合作机制，那么高校人才培养将难以形成一套科学、固定的模式，严重影响人才培养的质量。

在产教融合理念的指导下，高校跨境电商人才培养需要遵循订单化原则，确保培养出的人才的知识与技能结构符合企业发展的需求，而贯彻订单化原则的重要前提和保障，就是校企之间建立长效的合作机制。

2. 关注和行业人才需求的变化

在跨境电商人才培养中贯彻订单化原则，还需要高校与企业明确行业发展的趋势，时刻关注行业人才需求的变化。因为订单化人才模式是以企业的需求为出发点的，人才培养的内容与具体岗位的生产实践密不可分，培养出的人才必须能够胜任具体岗位的工作，且符合企业对于人才的需求。

在跨境电商人才培养的过程中，高校与企业应该明确跨境电商市场的发展现状与趋势，关注行业人才需求的变化，深入分析市场对于不同类型人才的需求，并以此为依据，结合企业与高校自身的发展实践，科学调整跨境电子商务人才培养的培养目标与课程结构，提升与企业需求相关紧密相关的课程的比重，使跨境电商人才培养模式真正实现按照订单进行构建，提升教学活动的针对性。

五、终身性原则

（一）关注学生整个职业生涯

随着时代的发展，岗位变动与职业转换速度加快，社会分工不断细化，人员流动性增强。同时，各行业对于从业人员素质的要求也越来越高，职业专业化程度不断加深。学生就业以后，很难保证在较长的一段时期之内不会更换工作，甚至有一部分学生会更换所从事的行业。因此，高校在构建跨境电商人才培养模式的时候，不能将目光仅仅放在学生短期内的就业上，而是应该着眼于学生的整个职业生涯以及个人的发展。

在构建跨境电商人才培养模式时，教育工作者应该对于跨境电商的教学模式与教学内容进行深入研究，在课程安排上科学搭配基础理论学科、实践性强的学科与知识覆盖面广的学科，专业的基础理论与实践技能教学能够帮助学生构建相对完善的跨境电商知识体系，为今后在跨境电商领域的发展打下坚实的基础。知识覆盖面广的学科则可以提升学生的综合素质，锻炼学生在生活与工作中所需的各项基本能力，比如外语交流能力、数据分析能力、沟通交流能力、团队协作能力以及职业生涯规划能力，等等。这些能力对于学生的职业生涯十分重要。

从学生的整个职业生涯出发构建跨境电商人才培养模式，能够在培养和提升学生专业素养的同时，拓展学生的知识面，帮助学生提升综合素质，使学生在步入社会以后能够适应不同类型的工作，取得更好的发展。

（二）重视学生能力与人格的发展

高等教育的根本目标是实现学生的全面发展，而学生全面发展的重要内容就是实现能力与人格的发展。

1. 重视对于学生能力的培养

能力是个体完成一项目标或者任务所体现出来的素质，总体来讲，包括一般能力、认知能力、创造能力，等等。小到具体的工作，大到行业的发展，都需要以高素质的人才为基础，而能力素质则是人才素质中最为重要的组成部分之一。跨境电商行业对于人才能力的需求主要分为专业能力与一般能力两大部分，专业能力包括跨境电子商务理论知识水平与实操能力，一般能力则包括团队协作能力、沟通交流能力、自主创新能力，等等。跨境电商行业所紧缺的具有较高综合素质的应用型人才即是兼具这两种能力的人才。

在跨境电商人才培养中促进学生能力的发展，首先需要坚持能力本位教育理念，以提升学生的专业能力为主要目标，围绕职业工作岗位所要求的知识、技能和能力组织课程与教学，将理论知识教学与实践技能训练充分结合，在夯实学生专业理论知识基础的同时，提升学生的实践水平。为实现学生能力的全面发展，校企双方必须贯彻产教融合人才培养理念，企业必须深入参与到跨境电商人才培养实践中来，充分发挥自身人才培养主体的作用，促进学生实践能力的提升。

其次，在跨境电商人才培养中促进学生能力的发展还需要重视对于学生一般能力的培养和提升。这些能力需要理论与实践教育充分结合，通过理论教学培养学生的通识知识，通过实践教学培养学生的沟通交流能力、团队协作能力、创新创业能力等一般能力。

最后，在跨境电商人才培养中需要特别注重对于学生自主学习能力的培养。正所谓"授人以鱼不如授人以渔"，提升自主学习能力，可以使学生在脱离学校与教师的情况下能够自主展开学习，帮助学生在未来的工作和生活中不断提升自我，不断实现自我的发展。同时，具备自主学习能力的人才可以根据实践的发展不断汲取新的知识，并开展创造性的实践活动，为行业的发展注入新鲜的血液，而这也正是企业发展所需要的。

2. 重视学生人格的发展

人格对于一个人的发展至关重要，人格主要是指人所具有的独特而稳定的思维方式和行为风格，具有一定的倾向性，是一种相对稳定的心理特征，健全的人格对于人的发展具有积极的促进作用，而不健全的人格则会阻碍人的正常发展。

个体的能力对于企业来说固然十分重要，而人格同样是企业对于人才重要的考察因子，人格体现着一个人的综合素养，综合素养较高的人才更能适应不同类型的工作，更能在工作中充分发挥主观能动性，为企业的发展注入新的活力。新时代，企业之间的软实力竞争越发激烈，作为企业核心组成部分的从业者，则是推动这种软实力不断提升的核心力量，这就需要从业者具有良好的人格。

学生的能力与人格对于学生的个人发展具有重要的影响，围绕提升学生的能力与人格来构建跨境电商人才培养模式，能够帮助学生打造更加全面的知识与能力结构，构建更为健康的价值观与心理品质，让学生能够从跨境电商的学习中受益终身，促进学生的长远发展。

第三节　人才培养模式构建流程

一、明确影响跨境电商产教融合人才培养模式构建的因素

跨境电商产教融合人才培养模式的构建首先要明确影响其构建的因素，跨境电商产教融合人才培养模式的构建不能是对产教融合成功实践的简单照搬，也不能按照传统的跨境电商人才培养模式稍加修改，而是应该根据区域跨境电商产业发展的实践与行业人才需求制定产教融合人才培养模式。影响跨境电商产教融合人才培养模式构建的因素有很多，主要内容如图 3-1 所示。

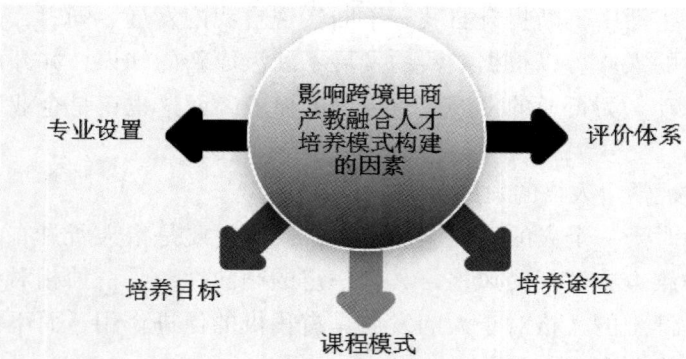

图 3-1　影响跨境电商产教融合人才培养模式构建的因素

（一）专业设置

跨境电商产教融合人才培养模式的专业设置应该以跨境电商产业发展和人才需求为导向。

首先，从纵向来看，随着科技的发展，跨境电商产业发展日新月异，行业对于人才的需要也随着产业的发展不断变化。从横向来看，不同地域的跨境电商产业的发展形式根据区域经济发展特点的不同而有所差别。跨境电商产业发展的具体内容各有不同，与区域市场需求、职业环境以及技术条件等因素有紧密的联系，相对应的，行业对于人才的需求也存在差异。

其次，产教融合人才培养需要在政府的引导下，校企深入展开合作，

共同进行人才培养。在产教融合的各个参与主体中，政府发展教育的重要目的之一是促进区域社会和经济的发展。企业参与人才培养是希望吸收更多的高素质人才为己用，企业自身也是区域经济发展的核心组成部分。高校，特别是高等职业学校的办学目的是为区域发展提供人才，由此可以看出，政府、学校与企业推进产教融合均具有鲜明的目标指向和人才培养特色，即为区域经济发展服务，体现区域经济发展的特色，因此，跨境电商专业的课程设置受人才培养主体的影响，也需要充分体现区域行业发展特点。

（二）培养目标

确定人才培养目标是跨境电商产教融合人才培养模式构建的首要步骤，人才培养活动的推进需要具有明确的目标指向。人才培养的目标决定着接下来人才培养模式的构建方向与构建方略。目标清晰的人才培养模式在执行中更加体系化，思路更加清晰。相反，目标不清晰的人才培养模式在运行中就会缺乏头绪，课程设置混乱，人才培养指向性差，不利于促进学生的就业与发展。

人才培养目标的确定需要以行业发展与专业建设为基础，深入分析产业发展特点、趋势以及人才需求后确定。人才培养目标首先要符合区域产业发展特点与行业人才需求。其次，应该充分体现跨境电商实践性的特点。再次，应该体现个性，满足学生个人发展的需求。最后，应该与时俱进，体现时代性与行业发展的趋势。

（三）课程模式

课程模式是具有一定课程结构与育人功能的课程组织形式，课程模式是跨境电商产教融合人才培养模式构建的重要环节，是落实产教融合理念的具体过程，是实施人才培养方案的具体步骤。

在我国传统的课程模式中，重视理论知识的教学，强调学生理论知识框架的完整性与系统性，轻视实践技能的训练。随着时代的发展与教育理念的改变，能力本位的人才培养理念越来越受到人们的重视，特别是职业教育，只重视理论知识教学的课程模式会造成培养出的学生只会纸上谈兵，而难以适应实际工作的现象。

当然，我们强调对学生实践技能的培养并不是忽视理论知识的教学，理论知识课程是专业课程建设的基础，脱离了理论知识，人才培养就会变成无根之木，无源之水，理论知识是对专业知识组合逻辑的梳理，是对专业基本内容的阐释。

跨境电商产教融合人才培养需要落实工学结合的课程模式，使学生在学习理论知识的同时，训练和提升自身的实践技能。以工学结合为基本的课程模式，需要以区域跨境电商行业实际的工作需要和完成具体工作所应具备的知识、能力和素质要求为出发点，选取教材，确定教学内容，设计专业课程，做到理论与实践一体化教学，既要突出跨境电商人才培养的实践性，又不能忽视跨境电商基本理论教学，同时还要兼顾学生综合素养的提升，以此为依据构建跨境电商产教融合人才培养的课程模式。

（四）培养途径

培养途径是人才培养的基本组织形式，是人才培养的核心环节。当今时代，跨境电商产教融合人才培养在培养途径上应该贯彻产教融合理念，不断深化校企合作。

作为实践性较强的专业，跨境电商专业人才培养在路径选择上应该遵循校企协同育人的思路，在政府而引导下，采取多元化办学的方式，支持社会力量参与到人才培养中来，通过加强学校和企业之间的合作，充分整合人才培养各个参与主体的资源优势，联合打造具有时代特色，符合产业发展需求的人才培养模式。

（五）评价体系

评价体系对于跨境电商产教融合人才培养具有重要的意义，主要体现在人才培养评价体系对于人才培养具有重要的导向作用，虽然评价体系在构建的时序上可能会晚于人才培养目标、模式、课程体系模块的构建，但是由于评价体系是人才培养目标的体现，且评价体系涉及对人才培养效果、教学质量和教师的评价，会对人才培养的过程产生重要的影响，部分教育工作者会根据评价体系对教学活动进行调整，以达成良好的教学评价效果。因此，评价体系的构建十分重要。

评价的本质是一种价值判断的过程，取决于人才培养的价值观念，反映着人才培养的价值取向。价值判断决定价值选择，评价体系虽然不是人才培养方案指定的前提和依据，却对人才培养方案的具体实施过程产生重要的影响。科学合理的人才培养评价体系有利于明确课程教学的目标指向，避免教学活动偏离既定的人才培养方案。相反地，不合理的人才培养评价体系会导致教学活动偏离既定路线，影响人才培养的效果。

二、跨境电商产教融合人才培养模式构建的内容

在明确了影响跨境电商产教融合人才培养模式构建的因素后，就需要对培养模式构建的内容进行分析。跨境电商产教融合人才培养模式构建的主要内容涉及教学模式、教学内容、教学评价等多个方面，具体内容如图 3-2 所示。

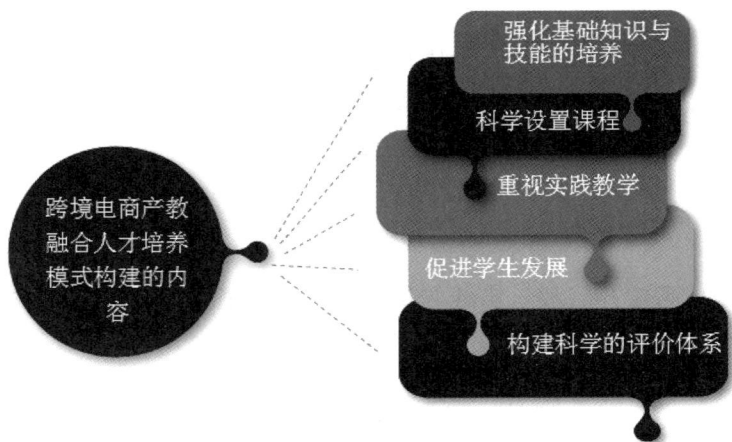

图 3-2　跨境电商产教融合人才培养模式构建的内容

（一）强化基础知识与技能的培养

强化基础知识与技能的培养是跨境电商产教融合人才培养的基础内容，跨境电商产教融合人才培养模式作为人才培养时间的依据，需要突出人才培养过程中的重点内容，跨境电商人才培养的重点就是提升学生的专业知识水平与实践能力，而学生能力的提升必须以扎实的理论知识基础与较强的实践能力为前提。

跨境电商产教融合人才培养模式的构建要以专业基础知识教学与实践技能培养为核心，与之关系最为密切的两个方面就是教学模式与课程体系。教学模式式人才培养模式的核心组成部分，课程体系则决定着学生知识与能力体系的构建。

强化基础知识与技能的培养，要选择符合行业发展要求与学生发展需求的教学模式。这就要求教育工作者辩证地看待传统的教学模式，取其精华，去其糟粕，广泛吸收国内外先进跨境电商教学模式的优点，结合区域跨境电商产业发展的特点与人才培养实践，构建符合自身跨境电商人才培养特征的教学模式。

学生的知识与能力结构决定着学生未来的发展方向，而课程的体系建设则决定着学生知识结构的构建。科学的课程体系首先应该符合产业发展的特点与趋势；其次，应该满足区域产业发展对于人才的需求；最后，应该符合促进学生实现个人发展的需求。这就要求学校与企业深入展开合作，以实践为基础，共同规划和构建课程体系，保证学生知识体系与技能体系符合跨境电商产业发展的需求，同时注重学生综合素质的培养和提升，促进学生实现更好的发展。

（二）科学设置课程

课程是高校开展教学实践的基本途径，跨境电商作为一个发展历程相对较短的专业，其课程设置的科学与否将直接影响人才培养的效果。因此，科学设置课程是构建跨境电商人才培养模式的关键环节。

对于跨境电商来说，课程的设置首先要丰富、全面，因为跨境电商的知识与能力体系包含的内容较多，既包括电子商务的相关基础课程，还包括跨文化交流方面的大量知识。另外，学生还需要学习贸易的相关知识，若想培养出高素质的跨境电商人才，必须为学生提供学习具体知识与技能的机会，使学生能够通过高校教育构建相对完善知识与技能体系。

其次，高校跨境电商课程的设置还需要从区域发展实际出发，能够体现区域特色。不同的地区，无论是在经济结构方面，还是在经济发展水平方面，抑或是在对外开放程度、社会文化认同等方面均存在一定的差异。这些外部环境，对于高校人才培养具有重要的影响，因为有相当一部分高校开展人才培养是以促进地方经济社会发展为目标的，且这些外部环境是高校开展人才培养重要的基础。

最后，高校跨境电商课程的设置需要符合教育发展的一般规律。作为一门独立的专业，跨境电商人才培养的本质仍然是高等教育。因此，其课程设置需要符合学生发展的需求以及认知的规律。

（三）重视实践教学

跨境电商产教融合人才培养模式的构建需要重视学生实践能力的培养，这是由跨境电商专业较强的实践性所决定的，目前我国跨境电商行业的发展需要大量具有较高综合素质的技能型人才，学生实践技能不是开设一两门实践课程或是在理论课程结束后进行简单的实习就能有效提升的，而是需要在人才培养模式的构建上重视实践教学，将实践教学融合进整个人才培养体系中，与理论知识教学有机结合，帮助学生在学习过程中，通过实践训练深化对于理论知识的理解。

跨境电商产教融合人才培养模式的构建需要贯彻产教融合的理念，跨境电商专业的实践教学需要突破常规，以学生为主体，体现以人为本的人才培养理念，增加跨境电商产业学科的技术含量，体现跨境电商产业的发展趋势。跨境电商人才培养针对的是具体的跨境电商岗位，因此，跨境电商产教融合人才培养模式的构建必须针对具体的岗位进行实践教学。跨境电商产教融合人才培养模式对于实践教学的重视主要体现在以下几点。

1. 建立实践教学体系

在跨境电商具体专业或具体培养方向的实践教学与理论教学的组合上，构建理论与实践一对一的结构，即理论教学与实践教学并重，形成两个相对独立的教学体系，共同进行人才的培养。

2. 实践教学要与时俱进

实践教学是对行业发展实践的反应，跨境电商发展日新月异，跨境电商产教融合人才培养中的实践教学内容也应该与时俱进，能够反应跨境电商产业发展的实践，体现跨境电商最新的技术发展水平，在实践教学的过程中，应该重点突出新工艺、新技术的教学。

3. 实践教学形式要有利于能力的培养

在跨境电商产教融合人才培养模式的构建过程中，要重视实践教学形式的选择，使实践教学形式有利于促进学生能力的提升。在教学形式选择上，要围绕高新技术设备和产品来设计课程和实训项目，以提升学生的实践能力、技术转化能力和技术创新能力。

4. 实践教学方法要体现合作与创新

跨境电商产教融合人才培养需要充分体现合作与创新的精神。跨境电商人才培养模式的构建需要学校与企业充分协调，深入合作，共同进行人才培养。企业需要为跨境电商人才培养提供实践训练的相关资源，并提供技术指导，这个过程中需要校企的通力合作。

跨境电商实践教学模式的构建在内容和形式上需要紧跟时代发展的脚步，在内容上体现跨境电商产业发展的最新内容，在形式上体现教育发展的新理念。这就需要校企双方创新人才培养的模式，使人才培养脱离传统的模式，更加符合新时代电子杀怪物产业的发展需求与产教融合人才培养的要求。

（四）促进学生发展

促进学生的发展也是跨境电商产教融合人才培养模式构建的重要内容。人才培养的主要目的是促进社会的发展，以及促进个人的发展。跨境电商产教融合人才培养模式构建的落脚点就是促进学生的发展，不仅仅是在人才培养过程中促进学生理论知识与实践技能的提升，还要培养和提升学生包括自主学习能力、创新创业能力、思想道德素质在内的综合素质，促进学生的可持续发展。

在当今时代，终身学习已经成为各领域工作者若想实现个人发展所必不可少的素质，而社会和学校则应该为个体的终身学习提供必要的支持。因此，跨境电商产教融合人才培养模式的构建必须强调以学生为本，借鉴国际高等教育发展的经验，贯彻终身教育的理念，满足跨境电商人才的终身学习与可持续发展的需求。

从就业的角度来看，随着时代的发展与产业的不断升级，职业结构不再是一成不变，而是呈现动态变化的趋势，就业也不再是从一而终的。从业人员会频繁更换职业，这就考验人才对不同岗位的适应能力。因此，跨境电商产教融合人才培养模式应该重视学生个人的发展，在知识与技能培养的同时，注重培养学生的综合能力，健全学生的心理素质，完善学生的人格素质，使学生具备综合的职业发展能力。

（五）构建科学的评价体系

科学的跨境电商产教融合人才培养模式需要具备科学的人才培养评价体系，因此，在构建跨境电商产教融合人才培养模式的过程中，要重视评价体系的建设，科学的人才培养评价体系首先需要符合人才培养模式的特征，体现人才培养的目的。评价体系是对人才知识与技能掌握程度的考查，因此，评教体系与教学体系必须是相对应的，评价体系要严格按照课程安排与人才培养方案来制定，保证人才培养按部就班的进行，不会因为评价体系与培养内容的偏差而偏离人才培养计划。

其次，评价体系还应该符合行业的发展需求，体现行业的发展趋势。人才培养的重要目标之一就是促进学生的就业，评价体系作为对人才培养效果进行考察的模块，必须体现行业发展因素，一是为了帮助人才顺利就业，二是为跨境电商产业提供行业所需的人才，在跨境电商人才培养的过程中发挥正确的导向作用。

第四章 基于产教融合的高校跨境电商课程体系构建

第一节 课程体系构建基础

一、跨境电商课程体系构建的理论基础

理论对于实践具有重要的指导作用，课程体系的构建需要以科学的教育思想为指导，跨境电商作为一个年轻的专业，更是如此。目前，学界广泛认同的高校跨境电商课程体系的指导思想主要由以下三种。

（一）能力本位教育理念

能力本位教育（competency based education，CBE）指的是课程与教学体系需要围绕具体工作岗位所要求的素质展开。能力本位教育源于 20 世纪 60 年代北美地区的师范教育改革。

在能力本位教育理念被提出后不久，就被逐渐运用于职业教育与职业培训当中，并被广泛传播到世界各地。在职业教育中，能力本位教育观强调对于学生职业能力的培养，这种能力指的不单单是的实践操作能力，而是一种更加全面、更加具有专业针对性的能力体系，既包括专业理论知识、也包括专业实践能力，同时还包括具体专业领域的其他素质。

能力本位教育理念重视对于学生综合素质与创新能力的培养和提升，倡导在教学实践中抛弃传统的以理论知识教学为核心，以卷面成绩作为教学评价主要依据的教学模式，主张使用灵活、多样的教学方式，辅以更加全面、科学的教学评价体系。跨境电商人才培养中，能力本位教育理念主要表现在以下五点。

1. 以培养和提升实践能力为核心

跨境电商人才培养具有较强的实践性，非常重视对于学生实践能力的培养和提升，跨境电子商务行业的发展需要高素质的应用型人才，因此，它要求人才不仅需要具备扎实的理论知识基础，还需要具备较强的实践能力与较为全面的综合素质。因此，跨境电商课程体系的构建与运行需要贯彻能力本位教育理念。

2. 模块化教学

模块化教学在提升跨境电商人才能力素质方面具有显著的作用，这是因为跨境电商专业是一个复杂的教学系统，涉及大量学科，包含许多不同的能力素质。学生在学习跨境电商的相关知识时，很容易由于学习的内容过于庞杂而产生混乱，影响学习效果。模块化教学根据人才培养的需要，将不同类型的理论与实践课程以教学模块的形式进行安排，理论与实践相对应，课程之间具有内在的逻辑联系，这样能够在很大程度上帮助学生理清课程之间的逻辑关系，明确学习的目标，并能够科学构建能力体系。

3. 课程设置丰富多样

跨境电商涉及多门学科的交叉学习，因此，课程设置应该丰富多样，既需要涵盖从事跨境电子商务行业所需掌握的各类基础知识，还需要灵活调整具体的课程内容，使课程的构建符合学生发展的需求。丰富的课程内容不再拘泥于枯燥的理论教学，可以为学生提供更多的发展方向，有利于学生个性的发挥，帮助教师采取个性化教学方式，更好地进行因材施教，促进学生能力的发展。

4. 教学内容与时俱进

跨境电商行业的发展日新月异，倘若跨境电商课程体系不能与时俱进的话，那么高校跨境电商人才的培养就会滞后于时代的发展。因此，跨境电商人才培养需要体现时代发展的特征，涵盖行业发展的最新内容，以保证学生知识与能力体系的构建符合跨境电子商务行业发展的需求。这既是能力本位理念的内在要求，也是社会与学生自身实现进一步发展的必然要求[①]。

5. 重视对于学生能力的评价

教学评价作为一种价值判断活动，对于教学活动具有重要的导向作用，教学的模式、内容、方法都需要以教学评价体系为参考，科学的教学评价能够帮助高校及时发现教育过程之中不合理的地方，并及时加以调整。当前跨境电商行业最需要的就是具有较高综合素质的应用型人才，而应用型人才的重要特点就是具有较强的实践能力。作为对于教学活动具有重要影响的环节，教学评价必须改变传统教育中以理论知识为核心的评价方式，要重视对于学生实践能力与综合素质的评价，保证跨境电商教学活动围绕培养和提升学生实践能力展开。

（二）以学生为本的教育观

以学生为本是以人为本在教育活动中的体现，是现代教育的重要理念之一，学生是教学活动的主体，高校人才培养的重要目标之一就是促进学生的全面发展，而跨境电子商务人才培养的主要目的是培育符合市场需求的跨境电子商务人才，为我国跨境电子商务的发展提供人才保障，进而推动新时代社会主义市场经济的发展。因此，无论是理论知识教学，还是实践技能培养，最终落脚点都应该是促进学生的发展，无论是课程体系的构建还是教育模式的选择，都应坚持以学生为本的教育观。

在人才培养的过程中贯彻以学生为本的教学观，需要在课程体系构建的过程中明确学生的主体地位，课程的设置以提升学生的专业素养，促进学生更好发展为目标；教学过程应该重视学生个性的发挥；人才培养方案不但需要符合行业发展的需求，同时还需要符合学生成长和发展的需求。在跨境电商人才培养中贯彻以学生为本的理念，需要从以下几方面着手。

1. 促进学生个性化发展

现代教育强调学生的个性化发展，发展学生个性是教学的基本任务，是现代教育重要的理念，对于学生过的成长和发展具有重要的意义。在

---

① 　高荣侠. 教师教学方法创新与实践 [M]. 吉林：吉林出版集团股份有限公司，2021.

课程体系构建中重视促进学生的个性化发展，是促进学生全面发展的需要，也是以学生为本实施教育的基本要求。

当今时代，创新是引领发展的第一动力，而创造性活动离不开创新型人才，注重学生个性的发展也是培养创新型人才的需要。创新型人才需要具有创新意识、创新精神与创新能力，而这一系列创新素质的培养都要依赖学生个性的发展。个性的核心是创新，创新性蕴含于人的独立个性之中。因此，高校跨境电商人才培养不能因循守旧，要突出以人为本的理念，重视学生个性的发挥。

2. 以学生为本制定培养目标

人才培养目标是教学活动的目的，指引着教学活动的开展，高校在跨境电商人才培养中贯彻以学生为本的理念，就必须以学生为本制定人才培养的目标，改变传统的教育观念，要使跨境电商的整个教学过程能够充分体现以学生为本的理念，不仅需要将知识传授给学生，还要使学生能够扎实掌握知识、深入理解知识、灵活运用知识。同时，人才培目标的设计还要重视对于学生思维能力的培养，不仅要使学生掌握具体的知识，还要培养和提升学生的思维能力，使学生能够在遇到问题时充分发挥主观能动性，成分调动自身所掌握的知识解决问题，这既是学生自身实现全面发展的需要，也是新时代社会发展对于人才素质的新要求。

3. 以学生为本构建教学评价体系

教学评价体系对于教学活动具有重要的导向活动，教学评价的内容将直接影响教学的内容与教学的方式。教学评价直接关系到人才培养实践的运行与调整，因此，其构建理念对于人才的培养实践具有重要的影响。教学评价的对象范围较广，包括人才培养目标、课程体系、课程的设置还、课程的实施与人才培养效果等要素。教学评价本身是一个价值判断的过程，以学生为本构建教学评价体系，能够保证对于学生的评价是符合社会发展需求、符合学生发展需求的。

（三）混合学习理论

混合学习理论诞生于 20 世纪末，是一种倡导将新型教学方式应用于课堂之中的教学理论。虽然国内外学者对于混合学习的定义有所不同，但对于混合学习的基本内涵，学者之间的观点总体一致，具体来说，混合教学理论就是传统课堂学习与新媒体、信息技术、网络技术等现代技术之间的充分结合，是网络学习与传统课堂学习的相互结合和互补。

混合学习理论具有鲜明的时代性，是伴随着时代发展和一系列新教学技术的产生而诞生的教学理念，当今时代的混合教育理论，强调线上教学与线下教学相结合的教学模式。何克抗教授于 2003 年正式将混合学习的概念引入我国，他认为混合学习就是把传统学习和 E-Learning 进行优势结合，既要充分体现学生主体的积极性、主动性与创造性，又要发挥教师在教学过程引导、启发、监控的主导作用。

混合学习理念作为一种教学理念，具有与时俱进的特点，其内涵是伴随着技术的进步而不断丰富的，本质是在人才培养过程中重视各教学要素的融合。跨境电商是时代的产物，具有鲜明的时代性，体现着当今时代经济发展的新趋势，其人才培养需要体现时代的先进性，因此，混合学习理论非常契合跨境电商人才培养的需求。以混合学习理论为指导开展跨境电商人才培养，需要从以下两方面入手。

1. 创新教学方式

混合学习理论的侧重点在于教学方式的改革上，改善教学结构，创新教学方式，是混合学习理论的主要任务。

跨境电商是经济全球化与网络技术发展催生出来的新型商务和贸易形式，具有鲜明的时代性和与时俱进的特点。因此，跨境电商专业的教学不能沿用传统的教学模式，需要探寻合适的教学方法，要使学生在现代化的教学氛围中提升自身的实践能力与专业素质，要使培养出的学生能够符合新时代社会经济发展的需求，而这也正是混合学习理论的价值追求。

跨境电商涉及的学科内容非常庞杂，无论是教材的选取，还是教学材料的整理，都存在一定的难度，混合学习理论则可以通过多种方式相结合的教学方法，拓展学生获取知识的渠道，便于学科的交叉学习。混合学习理论在当今的课堂应用中强调网络教学技术的重要性，在跨境电商的教学过程之中，教师可以充分利用和开发现代教学技术，发挥网络的优点，使学生轻松享有内容丰富的多媒体材料，通过网络学习不断扩展学生的知识面，使教学的过程更加直观，使知识的获取更加便利，在保障学生学习效果的同时，提升学生学习的效率。

2. 明确混合学习的类型

混合学习理论重点关注的是教学过程，因此，相较于指导作用，我们更应重视混合学习理论在高校跨境电商人才培养过程中的实际应用，而若想将混合学习理论科学地运用于跨境电商教学的过程之中，使之切实发挥应有的效果，首先就需要明确混合学习的类型，只有明确了其类型，才能更科学地根据教学阶段与教学内容的不同将混合学习理论灵活运用于实践教学之中。混合学习主要分为三种类型，分别是基本型混合、增强型混合以及转变型混合。

基本型混合强调教学形式的的多样性，主张通过通过不同的教学形式为学生的学习活动增加额外的灵活性，拓展学习的路径，通过不同教学方法在课堂教学中的多样化应用扩展学生获取知识的渠道。基本型混合是混合学习理论最基础也是最广泛的应用，特点是能够为学习者创造更多学习的机会，易于操作和实现。

增强型混合指的是通过创新教学方法，改善教学活动，相比于基本型混合，增强型混合突出的特点是新技术的应用。增强型混合主张将新的教学技术运用于实践教学之中，优化教学方法，以技术促教学。当今时代，增强型混合在教学中的典型表现就是多媒体与网络的应用，教育者通过网络提供额外的资源和补充材料，弥补教材内容的不足，丰富课堂内容，为课堂教学提供良好的辅助。需要强调的是，增强型混合并非抛弃传统的教学方式，而是注重传统教学与网络教学的有机融合，是将传统教学赋予时代特色的过程，是对传统教学模式的一种优化。

转变型混合会使教学方法产生明显的转变，学生的学习方式也会产生明显的变化。转变型混合多表现为一种新的教学理念的应用。教育理念伴随着时代的发展不断进步，当今时代，学生的教育主体地位受到普遍认同，越来越多的高校开始探索围绕学生构建新的教学模式，学生不再是知识的被动接受者，而是通过动态交互成为知识的建构者，这种混合学习方式对于理念与技术的依赖较强，缺少科学教育理念与先进教学技术的支持，转变型混合教学将很难实现预期的人才培养目标。

3. 发挥教师的引导和监控作用

教师是教学活动的主导者，无论是传统教学方式还是以网络教学为代表的新型教学方式，若想科学有序地开展，实现人才培养的目标，那么就离不开教师的教学、引导与监控。特别是对于混和学习理论来说，混合学习理论涉及到教学理念与教学方法的转变、应用于创新，这些新的教学理念与教学方法的操作主体是教师，人才培养的效果在很大程度上取决于教师对于教学理念与教学方法的应用能力，因此，在混合学习理论的指导下，高校跨境电商人才培养需要重视教师的作用。

在强调提升学生自主学习能力的今天，如何创新教学模式，使学生真正成为教学活动的主体是现代教育追求的目标。但明确学生在教学活动中的主体地位并不代表着忽视教师在教学过程中的主导作用，因为学生的学习能力和思维能力是处在不断地成长与提升过程中的，所以在面对新的知识或疑难问题时，必须充分发挥教师"传道、授业、解惑"的作用，通过教师的引导和答疑解惑，帮助将学生更好地学习和掌握新的知识。

不仅知识的传授离不开教师，学生的整个学习过程都离不开教师的引导与监控，教师需要及时发现学生在学习过程中存在的问题，比如不良的学习习惯、学习心态的变化、情绪的变化以及对于不同知识学习能力的差异等，并及时予以纠正。

二、跨境电商课程体系构建的实践基础

（一）产教融合的深入发展

产教融合既是一种发展理念，也是一种人才培养理念，在微观来看，产教融合是职业教育人才培养的科学路径，从宏观来看，产教融合是促进区域产业升级，实现区域经济增长的有效模式。

行业的发展离不开人才，而高等教育则是当今时代人才培养的最重要的途径之一。我国传统的高等教育重视研究型人才的培养，因此相比于实践教学，许多高校更加重视理论知识的教授。随着时代的发展，应用型人才培养的重要性越来越受到国家和高校的重视，教育理念的不断发展也促使越来越多的高校开始探索应用型人才培养的新模式，产教融合人才培养理念正是在这一过程中产生并不断发展的。

自产教融合人才培养理念提出以来，大量的高校与企业纷纷展开合作，使高校应用型人才培养呈现出新的面貌。随着习近平同志在十九大报告中指出要深化产教融合，我国高校产教融合人才培养迈入了深入发

展的新阶段，高校与企业不断探索校企合作的新模式，相关保障机制也在不断完善，校企协同育人的水平不断提升。

由于专业的特性以及行业的需求，跨境电商非常注重应用型人才的培养，产教融合的人才培养理念十分契合跨境电商人才培养的实践，因此，产教融合的深入发展是跨境电商人才培养重要的实践基础。

（二）跨境电商人才培养的先进经验

跨境电商专业虽然发展历程相对较短，但由于跨境电商行业发展迅猛，势头良好，国家对于跨境电商人才培养十分重视，许多高校纷纷开设跨境电商专业，同时，在产教融合理念的指导下，对于跨境电商人才培养的新模式展开探索。随着不断的探索与发展，我国跨境电商产教融合人才培养取得了显著的成效，大量高素质人才从校园迈入社会，从课堂步入工作岗位，众多的高校与企业深度合作，为我国跨境电商产业的发展提供了大量的高素质应用型人才，这些人才普遍具有扎实的专业知识基础与高水平的实践能力，为跨境电商产业的进一步发展奠定了人才与技术基础。

跨境电商较短的发展历程决定了其课程体系尚处在不断的探索之中，对于部分高校来说，独自探索和构建完整的跨境电商课程体系所需的时间与物质成本较高，这时，科学借鉴国内外先进的跨境电商人才培养经验不失为一个好的选择。

高校在借鉴先进经验构建自身跨境电商课程体系的时候，还要注意与地区发展实际以及自身教育实践充分结合，要做到科学地借鉴，而不是简单地照搬，要使跨境电商人才培养课程体系能够体现地区特色、学校特色以及专业特色。

（三）现代化的教学手段

现代教育理念的落实离不开现代化的教学手段，从行业发展来看，跨境电商方兴未艾，正处于蓬勃发展的阶段，对于人才知识与技能结构的需求与传统的研究型人才培养的内容有所差别，从专业发展来看，跨境电商专业属于新兴专业，注重对于学生实践能力的培养，其教学理念与教学方法都需要与时俱进。

跨境电商的时代性与实践性要求其人才需要具备行业前沿的知识与技能，这就要求在跨境电商人才培养的过程中，要充分运用现代化的教学手段，从教学内容到教学方法，都要体现时代的特色，具有鲜明的时代性与先进性。现代化的教学手段包括新建的教学理念、教学模式以及新技术在教学实践中的应用，比如多媒体教学、网络远程教学、虚拟教学平台，等等。

产教融合是一种现代化的人才培养理念，是在技能型人才培养的过程中逐渐产生与完善的，跨境电商人才培养需要贯彻产教融合的理念，产教融合是无法依靠课堂教学来实现的，而是需要学生走出课堂，进入实际的生产实践之中，用在课堂中所学到的理论知识指导实践的开展，并在实践中深化对于理论知识的理解。

跨境电商专业人才培养的过程中不能沿用传统的教学手段，无论是教学场所、教学方法还是教材等，都需要依据现代化的教学理念进行更新。比如，跨境电商课堂教学需要多媒体硬件设施的辅助，教材也不再仅仅局限于纸质课本，教师可以将教学所需的材料通过多媒体展示给学生，还可以在网络这一虚拟世界搭建起教学或实践平台，使学生足不出户便能体验到跨境电商各个环节的工作内容。

第二节　课程体系构建路径

一、课程体系构建的依据

（一）应用型人才培养课程的结构特点

1. 实践性强

跨境电商专业注重应用型人才的培养，应用型人才培养课程体系设置的显著特点就是重视实践技能的培养与训练，以提升学生的职业能力为中心构建课程体系，以培养学生特定的职业能力为教学目标，其课程设置具有较强的针对性、实践性与应用性，重视培养学生对于理论的应用能力。

传统研究型人才培养重视理论知识的教学，强调拓宽教学内容的覆盖面，重视提升学生对于理论知识理解能力与科研能力，而应用型人才培养重视实践性模块的教学，强调学生对于理论的实际应用能力和实践操作能力。跨境电商专业以培养应用型人才为主，因此，为了能使学生在学习的过程中掌握更多的实践技能，为以后步入社会打下坚实的基础，能够较好地完成从学校到企业、从课堂到具体工作岗位的过渡与衔接，其课程设置通常具有很强的实践性。

传统研究型人才培养的课程体系与教学模块相对比较固定，而应用型人才培养则不然，应用型人才培养的课程体系设置会根据具体的行业发展实际与企业需求进行一定程度的调整，围绕具体的实践技能培养来设置课程，加强课程对于具体工作岗位的针对性，并围绕具体的岗位需求形成一个特色明显的课程体系，以培养和提升学生的实践技能。

2. 独立性强

在传统研究型人才培养的课程体系中，不同的教学模块之间一般拥有较为紧密的联系，存在一定的内在逻辑。相比之下，应用型人才培养课程体系中的各个教学模块之间并没有紧密的联系，具有较强的独立性，这是因为应用型人才培养的目的是针对具体的技能或素质进行培养，其课程对应不同的岗位，而不同的岗位之间在具体的操作技能方面相对独立，只有按照能力划分课程，才能更好地实现技能型人才培养的目标。

（二）学生个性化教育和终身化教育的要求

个性化教育与终身化教育所关注的是学生个人的发展，虽然跨境电商人才培养课程体系是围绕具体的跨境电商岗位来建设的，但是学生是教学活动的主体，在教学的各个环节都应该做到以学生为本。

1. 学生个性化教育的要求

当前，随着教育理念的不断的发展，学生的教学主体地位日益受到重视，因此在构建跨境电商人才培养课程体系时，必须要考虑到学生个性化发展的需要，实行个性化教学，保证学生学习知识与技能的同时，能够使自己的个性得到充分的发挥。

2. 学生终身化教育的要求

跨境电商人才培养虽然重视对于学生实践能力的培养和提升，强调学生具体技能的训练，但是其目的不仅仅是帮助学生就业谋生，而是帮助学生在未来的人生中实现更好的发展。

因此，跨境电商课程体系的构建必须关注学生的整个职业生涯，甚至是整个人生旅程，将高等教育与人的终身发展联系起来。人的一生会经历丰富多彩的生活，面临各种各样的挑战，做出各种不同的选择，因此，对于相当一部分人来说，其一生中从事的职业自然也不是一成不变的，高等教育虽然根据人才培养方向的不同，在教育内容和教育形式上有所侧重，但归根结底是为了促进学生的发展，使学生在未来的人生道路上能够有更多的可能性，在从事的职业上能够有更多的选择。

（三）企业对于人才素质的需求

1. 企业对于人才技能的要求

实践技能是跨境电商企业对于人才的首要要求，企业的维系与发展需要业务能力过硬的技能型人才。具体到跨境电商领域，企业需要人才具备电子商务、跨文化交流、跨境贸易等方面的相关知识与实践技能，以及对于管理、营销、法律、国家政策等相关知识有一定的了解。

具体来说，跨境电商人才需要具备理论知识与专业技能两方面的知识与能力，在理论知识方面，需要学生具备扎实的基础理论知识与相关专业外延知识。在专业技能方面，需要学生具备处理专项业务的实操能力，能够较好完成技术性工作。

因此，在构建跨境电商课程体系的时候，应该注重突出实践能力培养的重要性，在保证基础理论知识教学的前提下，重视跨境电商专业实操技能的教学。

2. 企业对于人才综合素质的需求

人才的综合素质是跨境电商企业对于人才的另一项要求。企业需要人才具备的素质包括良好的职业道德、具有责任心与上进心、较强的工作适应能力、团队合作能力、协调与沟通能力、自主学习能力、创新能力以及对于行业具有一定的敏感性等。

这些综合素质体现的是人才自身所蕴含的潜力，以及为公司进一步发展所带来的可能性。因此，企业若想进一步提升市场竞争力，实现更好的发展，单单凭借技能型人才是不够的，还需要吸纳高素质的技能型人才。这同样也是电子商务人才培养的课程体系建设需要重视的内容，即重视学生综合素质的培养。

（四）跨境电商行业发展的需求

电子商务目前正处于蓬勃发展的阶段，新业态、新平台、新服务不断涌现，电子商务的发展趋势十分迅猛，对于从业者也提出了新的要求。

1.跨境电商发展势头良好

跨境电商凭借其便利、高效、安全、低成本等诸多优良特性，在商业活动中的影响力日益增强，也获得了政府与社会的高度关注，国家推出一系列政策支持跨境电商的发展，为跨境电商人才培养提供了良好的政策环境，有力推动了跨境电商的进一步发展，同时，也对跨境电商人才培养提出了更高的要求。跨境电商课程体系作为跨境电商人才培养的重要依托，需要反映跨境电商行业的新内容，体现跨境电商发展的新趋势。

2.跨境电商技术与商务模式的融合不断加深

随着跨境电商的不断发展，其内涵与形式也在不断地丰富、变化。目前，我国的跨境电商正在逐步加深与企业商务活动的融合，在生产与经营实践中不断实现跨境电商模式的创新发展。这一发展趋势对于跨境电商从业者提出了新的要求，跨境电商行业对于人才的需求从信息技术型人才向具有信息技术能力的商务人才转变，更加强调复合型人才的培养。

二、厘清课程体系设计思路

（一）课程体系设计思路的重要性

课程体系是根据具体的专业人才培养目标与培养规格所确定的课程设置、课程内容以及开课进度安排等。课程体系在高校人才培养中发挥着举足轻重的作用，是人才培养的基础组成部分，科学的课程体系是实现高校人才培养目标的重要前提和基本条件。

课程体系是一个内容丰富的课程组织系统，课程体系的设计需要有清晰明确的思路，否则很容易造成教学组织的混乱。课程体系设计思路对于跨境电商人才培养十分重要。

首先，课程体系不是简单的课程开设计划，从内容上来看，课程体系涵盖了学生专业学习过程中的所有内容，包括学生在高等教育阶段所需要掌握的各项知识与技能，特别是对于跨境电商人才培养来说，课程类型多样，内容量大，如果没有清晰的课程设计思路，跨境电商各门课程之间很容易产生逻辑混乱。从结构上来看，课程体系包含理论知识课程、实践训练课程以及综合素养课程等不同类型的课程，是全面提升学生专业素质和综合素养的重要保障。只有按照科学的思路安排具体的课程，才能保证各人才培养环节有机整合在一起。

其次，课程体系不是课程的简单堆叠，而是按照一定的内在逻辑组成一个完整的教学系统，课程体系既要符合人才培养的规律，还要符合学生发展的规律，同时还要与行业的发展实践相吻合，只有这样，才能保证课程体系构建的科学性、有效性。没有清晰、明确的课程设计思路，课程体系的构建就会杂乱无章，不符合行业发展实践与教育的一般规律，难以使高校人才培养达到理想的目标。

（二）跨境电商课程体系设计的思路

跨境电商课程体系的设计需要兼顾各主体的利益需求，既要保证其符合行业与企业发展的需求，还要使其符合教育发展的一般规律，同时还要有利于学生个人的发展。跨境电商课程体系的设计主要包括确定培养目标、确定培养规格、确定课程设置以及确定培养方式四个方面。

1. 确定培养目标

确定人才培养的目标是设计跨境电商课程体系首先需要考虑的内容，只有明确了教育目标，才能进一步安排课程、展开教学，人才培养目标的确定主要由以下几点依据。

首先，课程体系的设计需要充分考虑行业和企业对于人才的需求，高校人才培养的重要目标之一就是为行业的发展提供高素质人才，且行业的需求对于学生的就业具有重要的影响，因此，行业需求对于课程体系的设置具有重要的导向作用。在产教融合理念的指导下，校企合作不断深入，企业对于人才知识与技能结构的需求更加细化，高校在构建跨境电商课程体系的时候，需要充分考虑企业具体岗位的需求。

其次，区域经济和社会发展的特点也对高校跨境电商人才的培养具有重要的影响，许多地方高校的重要作用之一就是服务于区域经济发展与社会文化建设，为区域发展提供人才保障。不同地区之间在经济发展水平、产业结构、社会文化特点等方面存在巨大差异，这就导致不同区域之间的跨境电商行业发展的特点以及对于人才的需求也存在较大的差异，高校跨境电商人才培养应该从地区发展实践出发，在充分考虑本地区行业发展对于人才需求特点的基础上确定人才培养的目标。

最后，高校跨境电商人才培养目标的确立还需要充分考虑学生自身发展的需求，对于大学生来说，其发展需求主要体现在的自身价值的实现上，而就业又是大学生自身价值实现的重要环节，因此，在跨境电商课程体系设计的过程中，人才培养目标要有利于促进学生就业，同时还要注重满足学生的发展需求，即能够促进学生的全面发展。

确定人才培养目标对于课程体系的构建十分重要，人才培养目标是课程体系设计思路的基本出发点。跨境电商作为一个年轻的专业，人才培养机制和课程体系构建尚处在不断的探索与发展之中，若想保证人才培养的质量，在设计课程体系时，就必须具有明确的人才培养目标，使人才培养有的放矢，为科学构建课程体系打下良好基础。

2. 确定培养规格

培养规格指的是人才培养的具体的要求，包括对于学生的知识、素质和能力结构等方面的培养要求，这三方面的内容是高校育人的核心，是学生成长和发展所必备的素质。在跨境电商课程体系设计中，在确定了人才培养目标之后，下一步就是根据目标确定人才培养的规格。

课程的设计应该兼顾学生知识、素质和能力的提升，具体到跨境电商课程体系的设计之中，在确定人才培养目标之后，就应该明确跨境电商专业在知识、素质与能力方面对于学生的要求，可以说，培养规格是对人才培养目标的细化，是具体课程设置最直接的参考。

3. 确定课程设置

课程设置指的是课程的设立与安排，主要包括课程结构、课程内容和课程计划等方面。课程结构指的是不同课程的课时占比，顺序安排以及衔接方式。课程内容指的是各门课程所包含的具体的教学内容，理论知识内容与实践内容。课程计划则是课程设置的整体规划，对于课程安排和具体的教学活动作出规定。

课程设置是课程体系设计的核心内容，其目标是构建科学、系统、合理的课程体系。在跨境电商课程体系设计的过程中，课程设置需要注意以下几点问题。其一，课程内容要丰富、全面，能够涵盖跨境电商人才培养的基本内容，包括基础理论课程，实践训练课程、通识类课程以及与跨境电商相关的选修课程等，为学生专业素质的培养和综合素质的提升提供保障。其二，课程设置需要循序渐进，既符合一般的教育规律，同时还要符合学生学习与发展的规律，要在夯实学生基础知识的前提下，按部就班地培养和提升学生的各项能力与素质。在高校跨境电商教学中，要重视跨境电商基础理论知识课程的设置，然后在此基础上，提升课程的深度、延展课程的广度。其三，课程的设置需要有清晰的内在规律可循，跨境电商涉及的课程类型非常多，不仅包括各类型学科的交叉学习，还涉及大量的实践训练项目，倘若课程的设置缺乏内在规律性，就会使课程体系杂乱无章，不利于人才的培养。其四，课程结构需要科学、合理，即开设的课程合理、课程开设的先后顺序合理、各课程之间衔接有序。其五，课程内容的设置需要涵盖学科的主要知识以及时代发展的要求与前沿。

4. 确定培养方式

课程体系的设计主要包括教学的安排与教学的实施，在课程设置完成以后，就应该依据具体的课程确定人才的培养方式，培养方式包括教学模式、教学方法与教学环境等方面。

教学模式与教学方法的选用与课程设置之间具有密切的联系，科学的跨境电商课程体系设计思路要求高校根据人才培养的需求以及实践条件确定人才培养的模式，教育工作者则需要按照具体的课程内容灵活选择教学方法。跨境电商作为一门崭新的学科，不能沿用传统的研究型人才的培养模式，教育工作者需要在跨境电商课程建设中贯彻产教融合的理念，校、企、政深入合作，共同构建人才培养的新模式。在具体的教学方法上，教育工作者需要以先进的教学理念为指导，以培养和提升学生的综合素质为目标，以提升学生的专业技能为核心，灵活选取符合课程特点的教学方法。

三、明确课程体系构建的侧重点

（一）明确课程之间的关系

科学构建跨境电商课程体系，首先需要明确不同门类课程之间的关系，使跨境电商课程设置结构科学、主次分明、层次清晰，这样才能使教学活动能够按照相对清晰的逻辑展开，使跨境电商人才培养符合实践的需求，取得良好的成效。

1. 明确专业教育与通识教育课程之间的关系

高等教育以专业为区分展开人才培养。在高校人才培养中，专业课程毫无疑问是教学课程体系构建的核心，专业课程包括专业基本理论、专业知识和专业技能等内容，这些专业教学内容占据着大量的课时，旨在全面促进学生专业素质的提升。在学生就业时，许多用人单位对于学生考察的重点也是专业素质，由此可见，专业课程的设置是高校跨境电商课程体系构建的重中之重。

通识类课程指的是除专业教育之外的基础教育课程，与专业课重视学生在具体专业领域知识与技能的掌握不同，通识类课程重视学生常识性知识的学习，旨在为学生提供通行与不同领域的知识与价值观。通识教育没有专业的硬性划分，它提供的选择是多样化的。通识类课程的教学内容既包括具体的知识，比如思想政治知识、外语知识，也包括处理问题的能力，比如创新创业能力、沟通交流能力、团队协作能力、自主学习能力，等等。通识教育能够帮助学生树立正确的三观，使学生能够更好地认识和改造世界，对于促进学生综合素质的提升具有重要的作用。

通识类课程是高校教育的重要组成部分，但却存在受重视程度不足的现象。部分教育工作者认为高校教育工作的重点是提升学生的专业素养，因此，对于通识类课程的教学缺乏重视。这种观念的形成就是源于对通识教育与专业教育之间的关系定位的不合理。

通识教育重视学生综合素质的提升，随着高等教育的普及化发展以及教育水平的不断提升，专业教育不断细化完善，人才之间能力的差距愈发体现在综合素质上。可以说，当今时代，学生的综合素质对于自身的就业以及长期发展来说越来越重要，专业素养决定着一个人处理具体工作任务的能力，而综合素质则决定着一个人整体工作的能力。当前，学生若想实现自己的人生价值，获得长远的发展，就不能将自身的能力范围局限在专业素质上，而是要努力实现自身的全面发展。

通识教育是高校课程体系的重要组成部分，从课程设置上来看，通识教育无论在课时安排上还是在教学内容上，均不与专业课程产生冲突，相反，通识类课程的教学有利于学生更好地开展专业课程的学习。因此，专业教育与通识教育之间并不是一种相互掣肘的关系，而是一种对立统一的，相辅相成、相互促进的关系。从事跨境电商行业，不仅需要学生具备扎实的专业知识与实操技能，同时还需要学生具备良好的沟通交流能力、团队协作能力以及创新能力，等等。这一系列能力的培养就仰赖于通识类课程的教学。

综上所述，在构建跨境电商课程体系时，要明确专业教育与通识教育课程之间的关系，不能重此轻彼，应该用对立统一的观点处理两类课程之间的关系。

2. 明确主修课程与辅修课程之间的关系

主修课程的教学内容是学生本专业的基础性知识，辅修课程的教学内容是专业基础知识以外的知识，主修课程主要包括以专业课程为主的必修课程，辅修课程指的一般是不同类型的选修课程，既包括学生本专业的选修课程，也包括其他专业的选修课程。辅修课程虽然不属于学生的专业课程，但是对学生专业素质的提升具有重要的促进作用。

随着教育理念的发展与人才培养模式的革新，高等教育越来越重视复合型人才的培养。培养复合型人才既是高校提升人才培养质量的需要，也是社会经济发展的需要，同时也是学生实现自身更好发展的需要。人们在实际的工作中会遇到许多不同类型的问题，这些问题通常具有一定的复杂性，无法依靠单一学科的知识体系来解决，处理这种问题，需要个体具备跨学科的综合知识、素质与能力。在研究领域同样如此，纵观各专业领域的发展历程，许多科研创新成果都是学科交叉研究的成果，这种交叉研究能够将不同专业的知识、技能与思维方式联系在一起，为研究人员提供新的研究思路和研究方法，这种交叉研究开展的必要条件就是人才需要具备一定的交叉学科背景，具有不同专业领域的知识与技能。因此，高校应该重视辅修课程的设计与教学，为学生提供跨学科选修的机会，要扩大辅修专业范围，各个专业可开设辅修课程，供其他专业学生修读。

主修课程与辅修课程之间并不是毫无关联的，两者之间具有内在的逻辑联系。

首先，辅修课程的教学内容是主修课程教学内容的扩展和延伸。由于课时的限制，主修课程只能教授学生一个专业的核心理论知识，训练学生基本的专业技能，帮助将学生构建起专业知识与技能体系的基本框架，但难以同时兼顾多方向的人才培养。辅修课程最重要的作用就是通过对专业知识与技能的教学进行延伸，为学生提供更多的发展方向，使学生能够拥有更多自主选择发展方向的机会。

比如，在跨境电商人才培养之中，电子商务以及相关的贸易知识无疑是跨境电商知识体系的主体，但跨境电商一个显著的特点是其面对的是全球市场，需要涉及不同关境之间的交流，不同文化之间的沟通，因此，外语学院可以开设相关语言类课程供学生修习，跨境电商专业的学生可以通过选修这些外语课程学习不同类型的语言，为自身未来的发展创造更多的可能性。再如，新时代，国家提倡"大众创业、万众创新"，创新创业能力成为新时代人才的重要素质之一，培养创新创业人才，既有助于促进产业的发展，为经济发展注入新的活力，还有助于为学生提供更多的发展方向，带动就业，可谓一举多得。

其次，从教学内容的视角观察，辅修课程对于主修课程具有重要的补充作用。对于一个专业来说，主修课程的主要作用是帮助学生构建相对完整的知识与技能体系，以跨境电商为代表的专业主修课程种类繁多，每门课程的教学任务是将本课程的基本知识与核心技能教授给学生，课程的深度受到一定的限制。学生若想针对某一方向进行深入研究，增加自己知识理解的深度，拓展自己的知识面，就可以借助辅修课程来实现。比如，在跨境电商视觉设计与跨境电商物流等课程的教学之中，无论是设计还是物流，其本身都具有丰富的内容，且在许多高校的专业设置中是作为一门独立的专业存在的。因此，高校可以在跨境电商人才培养中开设视觉传达设计专业或物流专业的相关辅修课作为对主修课程的补充，加深学生对于具体知识的理解，提升学生的专业素养。

最后，辅修课程是促进学生个性化发展的重要途径。由于辅修课程受专业人才培养计划的限制较小，作为主修课程的补充，辅修课程能够拓展学生的知识面，深化学生对于具体知识的理解。与主修课程不同，辅修课程一般是由学生自主选择的，学校不会强制要求学生选择具体的辅修课程，学生可以根据自己的特点与兴趣选择适合自己的辅修课程，学生无论是在课程选择上还是在课程的学习过程中，都具有较强的自主性。与此同时，辅修课程还能在拓展学生知识面的同时扩展学生的思维，促进学生思维能力的发展。因此，辅修课程对于实现学生个性化发展具有重要的促进作用。

3. 明确显性课程与隐性课程之间的关系

显性课程也较正规课程、显在课程，指的是教师和学生在规定的时间、规定的地点，依据教材和教学大纲，完成规定教学内容的有目的、有计划的教学实践活动。隐性课程则是除显性课程之外的能对学生知识、技能和综合素质的提升产生促进作用的教育过程，是一种隐含的、非计划的、不明确或未被认识到的课程，隐性课程包括学校文化方面的教育、学习与生活环境方面的建设以及人际关系的建立，等等，与显性课程有组织地开展教学活动不同，隐性课程对于学生的成长和发展的影响是潜移默化的，更多表现为一种各润物细无声的教育形式。

第二课堂是隐性课程的重要载体，指的是在学校课程培养计划之外开展的开放式教育活动和实践活动的综合，包括参加社会实践、志愿服务、学术活动、创新创业、素质拓展、文体竞赛、参与学生社团等方面，是对课程教学第一课堂的延伸和拓展。第二课堂的任务并非直接传授给学生特定的知识与技能，而是关注学生人格的发展与综合素养的提升。隐性课程是美育与德育的重要方式，通过丰富多彩的实践活动与文化氛围营造，有助于帮助学生形成正确的世界观、人生观和价值观，不断完善学生的人格，促进学生的全面发展。

高校构建跨境电商课程体系，必须明确显性课程与隐性课程之间的关系，并在此基础上组织教学活动。显性课堂与隐形课堂之间的关系主要有以下三点。

（1）互相补充

显性课堂是在一定教学计划的指导下开展的教学活动，以学术性知识教学与专业技能培养为主要任务，隐性课堂是在教学计划之外开展的教育性活动，以品德、综合素质的培养为主要任务，二者相辅相成，在促进学生全面发展方面形成良好的互补关系。

（2）互相促进

显性课堂与隐性课堂之间是相互促进、共同提升的。显性课程与隐性课程相互配合展开人才培养，能够在不断完善学生的知识与能力体系的同时，提升学生的综合素质。学生在显性课堂中学习到的知识与技能，能够帮助学生更好地认识世界与改造世界，进而推进隐性课程的发展，而学生通过隐性课程可以实现自身综合素养的提升，以正确的价值观处理学习与生活中遇到的问题，对于学生显性知识的学习大有裨益。

（3）互相转换

显性课程与隐性课程之间的关系并不是一成不变的，显性课程的实施总是伴随着隐性课程，显性课程可以作为一种隐性课程存在于其他专业的学习过程中。而隐性课程在一定条件下是可以转化为显性课程的。隐性课程一旦被发现了具有成为显性课程的价值，其育人内容就会被明确化、系统化、规范化，进而被开发为显性课程。

综上所述，高校跨境电商课程体系的构建，应当明确各门课程、各类课程之间的关系，既要注重学生专业发展的需求，也要重视学生综合素质的提升，系统、科学地构建跨境电商课程体系。

（二）优化课程结构

构建跨境电商课程体系，必须在明确课程之间关系的基础上，关注课程结构的优化。课程结构是课程目标转化为教育成果的纽带，是课程实施活动顺利开展的依据，课程结构是课程各部分的配合和组织，是课程体系的基本框架。

1. 课程结构优化的原则

在新教育理念的指导下，课程结构的优化需要遵循以下原则。

（1）综合性原则

课程综合化是当今时代课程优化的重要任务，需要开发并设置学科性的综合课程，以实现对于特定学习领域内容和教育价值的统整。高等教育的根本目标是实现学生的全面发展，既然是全面发展，课程结构就不能只涵盖专业课程，而是应该关注学生综合素质的提升，围绕专业课程构建起一套课程内容丰富、知识覆盖面广、课时分配合理的课程体系。

（2）均衡性原则

均衡性原则指的是课程结构的优化旨在改变以往重理论轻实践、知识体系相互割裂、知识学习脱离生活等现象，需要通过构建科学合理的课程结构，在保证学生学习专业课程内容的同时，提升自身的实践技能，深化对于知识的理解，增强对于知识的运用能力，丰富对于世界的认知，关注社会的发展和科技的进步。

（3）选择性原则

选择性原则指的是在优化课程结构的过进程中，可以根据实践的发展和学生的需求灵活设计课程，重视选修课程在人才培养中的重要作用，同时提倡个性化教学，重视教学过程中学生个性化的发挥。

2.课程结构优化的内容

（1）课程结构优化重视区域差异

我国幅员辽阔，不同地区在区域经济发展水平、经济结构、政策环境以及社会文化等方面都存在很大的差异，具体到跨境电商行业来说，跨境电商在不同地区之间的发展状况并不相同。因此，跨境电商课程的优化应该适应不同区域的发展特点，课程结构需要具有充分的变通性，高校应根据自身的需要对于课程进行优化。

（2）课程结构优化要适应学校的特点

高校之间同样具有的很多差异，这种差异主要表现在办学理念、硬件设施以及人才培养目标上。跨境电商课程的优化，需要以自身的教学实践为基础，使得课程结构无论是在课程门类的设置上还是在不同课程之间的关系方面都应适应每一所学校的学校文化特殊性。

（3）课程结构优化要适应学生的个性差异

学生是教育活动的主体，教育的目的是促进学生的发展，跨境电商课程体系的优化要坚持以学生为主体的原则，重视学生个性的发挥。主要表现在课程的设置应该丰富多样，使学生有更多的选择机会，为学生提供多种发展方向，使学生未来的发展具有多种可能性。

四、完善课程体系的内容

（一）完善理论教学课程体系内容

1.国际商务知识

跨境电商的本质是一种国际商务活动。因此，跨境电商人才需要具备扎实的国际商务知识，比如贸易知识、国际商务法律知识和网络知识产权保护知识，等等。

以国际贸易相关知识为例，国际贸易也被称为"世界贸易"，指的是国际间商品和劳务的交换。它由各国（地区）的对外贸易构成，是世界各国对外贸易的总和。国际贸易相关知识是国际商务知识的主体内容之一，学生只有对于国际贸易有深入的理解，才能牢固掌握国家商务相关知识，进而更好地开展跨境电商专业的学习。

国际商务知识是跨境电商知识的重要组成部分，是跨境电商教学的基础组成部分之一，国际商务本身是一门独立的专业，具有丰富的内容。因此，在跨境电商课程安排中，要合理安排国际商务知识的课时与内容，既要使学生对于国际商务知识有一个系统的把握，同时还需要注意不能使国际商务教学内容太过冗杂，挤压其他课程的教学内容。

2. 电子商务知识

从跨境电商专业的名称中就可以看出，该专业教学的主体内容包括电子商务知识教学与跨文化交流能力的培养与提升。

跨境电商是电子商务的一种特殊形式，两者在人才培养方面具有很多的相似性，但跨境电商之所以能成为一门独立的专业，在于其人才培养具有许多的独特性，跨境电商行业对于人才知识与技能结构也有许多特殊的要求。因此，在跨境电商的课程安排中，不能照搬传统电子商务专业的课程体系，而是选取其中的重点知识内容，比如网页设计、数据库管理、网络营销、网站建设等知识，将其与跨境电商人才培养的内容充分融合，重新构建跨境电商专业中电子商务的知识体系。

3. 跨文化交流知识

跨文化沟通能力是跨境电商人才素质结构中显著的特点，跨境电商行业缺少的是具有较高综合素质的应用型人才，因此，跨境电商专业课程体系的构建需要重视对于学生跨文化交流能力的培养。跨境电商专业课程的设置注重知识的实用性，因此，其对于学生跨文化交流能力的培养以商务外语知识的学习与应用为主。

从事跨境电商行业，必然要面向世界市场，与世界各地的人们打交道，良好的外语沟通能力能够帮助跨境电商从业人员更好地开展业务，是跨境电商人才所必备的素质之一。而跨境电商企业若想在世界范围内进一步拓展市场，还需要跨境电商人才具备一定的人文素养，对于不同国家的历史文化传统、沟通礼仪、商业礼仪与习俗禁忌等具有一定的了解，这样才能更好地与不同国家的人们进行沟通。

4. 通识类课程

在分析跨境电商课程体系构建的侧重点时，我们强调了要处理好通识性课程与专业性课程之间的关系。通识性课程是高校教育课程体系中重要的组成部分，任何一门专业的教学都不能抛开通识教育只谈专业教育。专业课程的教学目标是提升学生的专业素养，而通识教育注重的则是提升学生的综合素质和人格修养，帮助学生构建正确的人生观、世界观和价值观。

通识类课程要求打破专业的局限，开阔学生的视野，课程内容既能拓展学生的知识面，又能培养和提升学生的思维能力，通识类课程主要有以下特性。

（1）普遍性

通识类课程涉及的是学生所应具备的基本素质与能力，这些素质与能力的要求具有普遍性，不因学生专业的不同而产生改变。

（2）多元性

通识类课程的课程内容应该丰富、全面，既符合基础性原则，又符合多元性原则，既能培养学生的基本素养，还能够拓宽学生的视野，促进学生个性的发展，形成多元化人格与精神。

（3）整合性

通识类课程需要对不同领域的知识进行整合，形成普遍适用于不同专业学生发展需求的课程，丰富学生的知识，启发学生的心智。

（4）创新性

通识类课程具有创新性，这是由其本身的性质决定的，通识类课程设置的目的就是打破学科之间的界限，使学生的知识结构不被禁锢在单一的专业领域，在丰富学生知识的同时，拓展学生的思维，使学生能够从不同的角度观察问题，用新的思路解决问题。

具体到跨境电商课程体系来看，通识类课程的主要内容包括高等教育阶段的必修公共课，如思想政治教育、大学英语、计算机技术、体育，等等，以及跨境电商人才培养所需开设的其他课程，比如心理学、社会学、文化学等学科。通识类知识是跨境电商人才知识体系中重要的组成部分，通识类课程的设置需要以先进的教学理念为指导，符合跨境电商行业对于人才素质结构的需求，符合学生成长与发展的需求。

跨境电商高素质人才需要涉猎大量的知识，具有全面的素质，才能在跨地域、跨文化的商业贸易交流中充分发挥自身的能力，为跨境电商的发展贡献更多的力量。

（二）完善实践训练课程体系内容

实践性是跨境电商专业突出的特性，因此，跨境电商专业课程的内容要突出实践性的特点，高校需要不断完善跨境电商实践训练课程体系的内容。

1. 课程教学内容突出实践性

高校跨境电商人才培养的目标是培养高素质应用型人才，因此，在课程内容的设置当中，应该突出知识的实践性与应用性。比如，跨境电商人才需要具备跨语言交流能力，因此，跨境电商教学需要培养和提升学生的外语能力，外语相关课程也成为跨境电商课程体系的重要组成部分。但是，跨境电商专业的外语课程与外语专业的教学模式与教学方法之间还是存在较大差异的，与外语专业重视语言学理论知识的教学思路不同，跨境电商专业开设商务英语课程，注重对于学生商务英语运用能力的培养和提升，课程的教学目标是提升学生的外语沟通能力，教学内容突出商务性与实用性，教学方法突出实践性，注重对于学生外语运用能力的训练，其目的是更好地服务于跨境电商活动。

实操技能教学内容是跨境电商课程内容的重要组成部分，因此，不仅仅是商务英语课程，跨境电商课程体系中的多门课程都注重对于学生实操技能的培养，比如营销策划能力、数据分析能力、视觉设计能力、物流管理能力，等等。完善跨境电商实践训练课程体系，需要在课程教学内容中体现跨境电商专业实践性与技能性的特点，明确人才培养的方向，这是培养跨境电商高素质应用型人才的重要前提。

2. 校企合作开展实践训练课程

高校跨境电商人才培养需要贯彻产教融合人才培养理念，校企合作是重要的教学组织模式，在校企合作中，企业成为人才培养的主体，需要深入参与到人才培养的整个过程之中，从人才培养方案的制定，到课程体系的构建，再到具体的教学实践，都需要企业与学校共同完成。

在校企合作中，为了实现更好的人才培养效果，企业与学校需要充分发挥自身的教育资源优势组织开展人才培养活动。课程体系构建是人才培养的重中之重，也是教学活动开展的重要前提条件，高校跨境电商课程体系的构建需要学校与企业合作完成，双方根据行业发展需求与学生发展需要规划课程内容，企业需要为实践训练课程提供硬件支持，并组织资深从业人员开展实践教学，帮助学生在实践中深化对于理论知识的理解，同时，将在实践中遇到的问题带回课堂，与师生共同研讨。

第三节　构建跨境电商课程评价体系

一、高校跨境电商课程评价体系构建的原则

高校跨境电商课程评价体系的构建是一个系统的工程，涉及大量的评价内容，涵盖课程体系的各个方面。课程评价体系的构建需要遵循以下原则，具体内容如图 4-1 所示。

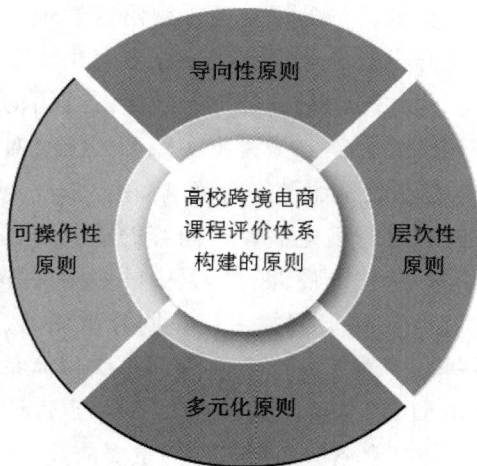

图 4-1　高校跨境电商课程评价体系构建的原则

（一）导向性原则

导向性原则是高校跨境电商课程评价体系构建的首要原则，因为课

程评价本身是一种价值判断的过程，目的是对课程目标、课程设置以及课程实施等环节的合理性进行评价。因此，导向性既是跨境电商课程评价体系的突出作用，同时也是跨境电商课程评价体系构建的基本原则。

在课程评价体系构建的过程中贯彻导向性原则，首先需要使课程评价体系的内容符合的跨境电商人才培养的需求。高校跨境电商课程评价体系的构建应该突出反映跨境电商专业的实践性与应用性特征，课程应该以就业为导向，以能力为本位。因此，课程评价体系的构建也应该重视就业导向与能力本位这两项标准，建立以就业为导向的课程质量评价体系，使课程目标符合行业的用人需求，强调课程内容对于学生能力的促进作用，重视课程实施过程中对于学生实践能力的培养。跨境电商课程评价体系应该从重视学习结果的"终结性评价"向重视学习过程的"形成性评价"与"终结性评价"并重转变，注重对于学生综合职业能力的考核，注重对于课程内容全面性、科学性、实践性的考察。

导向性除了体现在课程评价体系的内容之中外，还体现在其功能上，由于其最终的评价结果涉及课程设置与课程内容的调整，因此，其对于课程体系的构建与课程内容的选择同样具有重要的导向作用，这就要求课程评价体系应该尽可能全面覆盖跨境电商相关能力要素，并将课程质量评价与行业职业资格挂钩，使课程内容能够充分反映行业对于人才知识与技能结构的需求。

（二）层次性原则

层次性原则指的是在高校跨境电商课程评价体系构建的过程中，应该对课程体系的各个组成部分分层进行评价，对于不同部分的评价既有明确的划分，又有清晰的内在逻辑联系。课程评价体系应该包括对于学生学业成就的评价、对于学校课程体系的评价，以及对于具体专业课程的评价三个层面。课程评价体系的构建是一个系统的工程，评价对象涉及课程体系构建和实施的各个环节，因此，课程评价体系应该是一个层次分明的系统。

在当前的高校跨境电商课程评价实践中，课程评价的重点往往放在相对容易操作的学生学业成绩评价与专业课程评价这两个层面，对于课程体系的评价还存在一定的提升空间，这就导致课程评价的内容集中在具体的课程教学领域，课程评价体系缺乏明确的层次性，造成课程评价体系不能很好地反映人才培养的质量与水平。

课程评价体系的层次性原则要求，在构建高校跨境电商课程评价体系的过程中，应该以课程评价对象之间的关系为基础，充分发挥课程评价体系中各子系统的作用，构建层次明确、分工合理、相辅相成的层次性课程评价体系。

（三）多元化原则

多元化原则是跨境电商课程评价体系构建的重要原则之一，多元化原则在课程评价体系构建的过程中主要体现在两个方面，分别是评价标准的多元化与评价主体的多元化。

首先，高校跨境电商课程评价标准不应是单一的，而应该遵循多元化的原则，这是由价值观的多元化、教育理念的多元化、高等教育自身的多元化以及行业对于人才需求的多元化共同决定的。课程评价不能仅仅关注学生对于具体知识的掌握，还应该重视对于学生专业能力、综合素质以及情感态度等方面的评定。

在多元化课程评价体系之中，评价者不再以一元的认知标准来对课程状况进行分析，而是将学生的知识、能力和素质培养共同作为课程评价体系的基本指标。多元化原则要求课程评价体系需要以学生为本，以促进学生全面发展为核心，重视学生个性化发展。

其次，跨境电商课程评价的主体是多元的。在我国传统的高校人才培养中，学生往往扮演着知识的被动接受者的角色，在传统的评价体系中，教育者一般是评价的主体。但随着时代与教育的发展，人人越来越深刻地认识到，学生是教学的主体，人才培养只有坚持以学生为主体，才能达到理想的教育目标。在高校跨境电商人才培养中，学生作为教学活动的主体和心智成熟的个体，具备对于课程的认识与评价能力，且学生对于课程的评价，能够更加直观地反映课程内容与课程设置的科学与否。

在产教融合人才培养理念的指导下，校企协同育人是高校跨境电商人才培养的重要形式，企业既是知识与人才的需求者，同时也是人才培养的主体，校企协同育人要求企业深入参与到人才培养的整个流程之中，企业不但需要与学校共同制定人才培养方案、构建课程体系、确定培养模式，还要与学校共同组织开展人才培养。在这一过程中，企业不但是课程开发的主体，同时也应该成为课程评价的主体，企业对于课程体系的评价更能体现行业对于人才培养的需求，能够帮助学校不断调整与优化课程结构，使课程的设置更加符合社会对于人才的需求。

（四）可操作性原则

可操作性是跨境电商课程评价体系构建的重要原则，合理的课程评价体系不仅要能对课程质量进行科学的评价，还需要具有较强的可操作性。倘若评价体系能够详尽反映高校跨境电商课程体系的方方面面，但是操作难度较高，这样不但会增加课程评价的综合成本，执行过程中也会很容易出现纰漏，且难以供其他高校所借鉴，高校跨境电商课程评价体系的可操作性原则主要体现在两个方面，一是简易，二是可测。

1. 简易性

在构建高校跨境电商课程评价体系时，要在保证评价项目完整性的同时，注重评价体系的简化与明确，控制评价指标的数量，剔除无关紧要的评价内容，不应存在评价指标冗余的现象。构建课程评价体系应该做到使评价目标与评价项目之间具有较好的一致性，实现评价项目与评价目标的良好融合，而这一目标的实现依靠的不是冗杂的评价指标，而是能够准确反映课程体系质量的精简且明确的指标。因此，在构建高校跨境电商课程评价体系时要注重评价指标的简易性，使课程既能准确反映课程体系的质量，还简单易行。

2. 可测性

高校跨境电商课程评价体系构建的可操作性原则还体现在评价项目和评价标准的可测性上。在分析方法上，课程体系的评价项目的分析方法主要分为两种，分别是定性分析与定量分析。在定性分析层面，要对评价项目与标准的内涵、等级与层次进行明确地划分，不能使用模糊的术语，要提高评价结论的区分度。在定量分析层面，要使评价项目与标准尽量准确、客观、可测量，要选取科学的数据分析模型对评价指标进行计算与分析，提升评价结果的科学性。

简易性与可测性使跨境电商课程评价体系具有较强的可操作性，能够简单、直观地反映课程体系的质量，便于高校对跨境电商课程体系进行监测，为高校进一步优化课程体系提供科学的参考。

二、高校跨境电商课程评价体系的构建

高校跨境电商课程评价体系的构建要全面考虑课程设置与安排的方方面面，从课程构建目标，到课程结构，再到课程的实施，都需要明确评价的指标，为课程体系的优化提供全面、科学的指导。

（一）对课程目标的评价

1.课程目标实现的可行性

课程目标对于课程体系的构建与课程教学具有直接的影响，因此，构建跨境电商课程评价体系首先要对课程目标进行评价。可行性评价对于课程目标的制定来说十分重要，只有可行的课程目标才具有价值，才能对课程体系的构建以及课程教学活动起到指导作用。

课程目标的可行性主要体现在以下四个方面。第一，课程目标需要符合客观基础，即学校的教学条件、区域发展实践以及行业对于人才的需求，等等。倘若课程目标脱离了这些基础条件，就失去了可行性。第二，课程目标需要符合学生的认知规律和身心发展规律，学生是教学活动的主体，不符合主体认知规律的目标自然是难以实现的，因此，在制定课程目标时，既不能揠苗助长，也不能放任自流，要根据学生的认知规律设置课程目标的内容与难度。第三，课程目标的设定要符合教育的一般规律，高校人才培养的本质是一种教育活动，因此，无论是课程目标的制定，还是课程体系构建的其他环节，都需要符合教育的一般规律。第四，课程目标需要能被教师所理解、接受并能够在实际教学过程中落实。教师是教学活动的主导者，只有在教师理解并接受课程目标的基础上，教学活动才能按照目标推进，达到理想的育人效果。

2.课程目标表述的准确性

课程目标对于教学活动具有重要的指导作用，因此，课程目标的表述必须是准确的，而不能是模棱两可的。在人才培养目标之外，不同的课程必须分别设立明确的课程目标，对于学生需要掌握的知识与技能进行详细地规定，使学生与教师明确课程教学的内容，以结果性目标表述

对跨境电商知识与技能方面的要求，以体验性目标表述对教学过程、教学方法、情感态度与价值观的要求，这样才能有效指导教学活动的开展。

3. 课程目标的全面性

课程目标的制定需要具有全面性。

首先，对于课程目标本身来说，课程目标的制定既需要符合行业发展的需求，还需要符合学生成长与发展的需求。这是课程目标评价的重要内容，课程目标是课程教学的目的之所在，人才的知识与技能结构是按照课程目标进行构建的，因此课程目标对于学生的成长与发展十分重要。跨境电商专业以行业需求为导向进行人才培养，因此，课程目标必须符合跨境电商行业对于人才的需求，这样才能为行业发展提供所需的人才，同时，也有利于学生的就业与发展。

其次，从学生个体发展的角度来看，课程目标不仅仅要关注学生知识与技能学习，还要重视学生综合素质的提升，要把学生的情感、态度、价值观、个性发展、创新能力、沟通交流能力、团队协作能力等因素纳入课程目标制定的依据之中，保证在课程目标的指导下，学生的综合素质能够实现显著的提升。

4. 课程目标的整体性

课程目标的整体性是课程目标评价的重要考察对象之一。整体性指的是不同课程目标之间应该具有内在的逻辑联系，而不是彼此孤立的。课程体系是一个统一的整体，尽管不同的课程在教学内容与教学模式上存在差异，但是这些课程都是为了服务于同一个专业人才培养方案而存在的，课程之间存在着内在的逻辑联系，因此，不同的课程目标之间也应该具有内在的逻辑联系，服务于人才培养的整体目标。

（二）对课程内容选择与组织的评价

1. 对课程内容选择的评价

课程内容的选择直接关系到学生知识与技能体系的构建，因此，对课程内容选择的评价是跨境电商课程评价体系构建的重要环节。对课程内容选择的评价主要从以下两方面进行。

（1）所选择的课程内容是否有助于实现课程目标

课程目标是课程教学的指导，课程的内容必须符合课程目标。跨境电商所包含的内容十分丰富，涉及的学科十分广泛，跨境电商的课程内容需要经过教育者的选择和提炼，而这一过程必须以实现跨境电商课程目标为前提。

（2）评价课程内容选择范围是否全面

课程内容需要能够全面覆盖学生专业发展那所需要掌握的各门知识与技能，跨境电商涉及的知识领域较多，每个领域的知识具有各自的特点，适用的教学模式也各有不同，达成课程目标的侧重点也有所不同，课程内容的选择对于课程目标的支持程度是课程目标得以实现的关键因素。此外，较为全面的课程内容可以帮助学生构建相对丰富的知识体系，使学生未来发展有更多选择的空间，因此，选择的课程内容是否全面也是课程评价的重要因素。

2. 对课程内容组织的评价

在跨境电商课程评价体系的构建过程中，课程内容的评价包括了课程内容选择的评价与课程内容组织的评价两部分。课程内容组织评价关注的是教育者是否对课程的基本要素进行了妥善的安排，课程的组织是否体现了课程体系的统整性和课程之间的衔接性。

在教学实践中，从课程内容的角度审视课程体系的构建，课程内容的选择只是其中的一个方面，课程内容的组织同样十分重要，如果对于课程内容没有科学、合理的组织，那么课程内容将会杂乱无章，不同的课程内容之间缺乏逻辑联系，不利于教学活动的开展，因此，高校应该重视对于课程内容的组织效果的评价。

跨境电商涉及大量交叉学科的学习，因此，其课程内容的组织更是重要。具体到跨境电商课程内容组织评价当中，评价的内容应该包括以下几个方面。

（1）课程内容组织的逻辑性

课程内容的组织是否有利于学生将获得的知识由琐碎的细节统整为一个具有清晰内在逻辑关系的知识体系。

（2）课程内容组织的系统性

课程内容的组织是否能使不同课程的内容之间形成有效的衔接，进而使得学生能够对知识有一个整体、系统的把握。跨境电商涉及的知识类型丰富多样，在课程内容组织的过程中，要重视不同知识之间的联系与衔接，便于学生理解和掌握。

（3）课程内容是否将理论课程与实践课程有机结合在一起

对于跨境电商人才培养来说，理论与实践的结合十分重要，因此，跨境电商课程内容的组织要合理安排理论与实践课程的内容，使两者有机结合，形成模块化教学体系。

（三）对课程结构的评价

1. 课程结构合理性评价

对于课程结构的评价主要关注各类课程之间比例的科学性。课程的结构反映的是学生需要具备的知识与技能结构，因此，课程结构是否合理将直接影响学生的知识与技能结构是否符合行业对于人才的需求。对于跨境电商专业课程设置来说，课程结构合理性评价主要是需要判断理论课程与实践课程、专业课程与通识类课程之间比例的科学性。

2. 课时安排合理性评价

对于课程结构的评价，除了评价不同课程比例之间的合理性外，还需要对于课时安排的合理性进行评价。对于课时安排合理性的评价主要集中在以下两点。

（1）对于课时总量合理性的评价

在课时安排中，课时总量的合理性是最为重要的问题。课时总量倘若不合理，那么课程结构的合理性也将无从谈起。在高校跨境电商课程教学中，课时总量合理性主要体现在显性课程的课时总量安排上。高校首先需要保证显性课程拥有足够的课时，为学生知识与技能体系的构建提供足够的课时支持。其次，还需要合理安排学生隐性课程的时间，使学生能够通过隐性课程拓展思路，为学生的个性化发展提供支持。

（2）对于具体科目课时安排合理性的评价

对于课时安排合理性评价的另一重点在于对具体科目课时安排合理性的评价。在高校跨境电商人才培养中，不同的课程在内容总量与教学目标上都是不同的，不同科目所需的课时也有所不同，与此同时，跨境电商行业对于人才需求的变化也会影响具体科目课时的安排。因此，在对具体科目课时安排的合理性进行评价时，要重点关注其是否符合行业对于人才素质的需求，以及不同科目教学对于课时的需求。

（四）对课程实施过程与结果的评价

1.对课程实施过程的评价

理想人才培养目标的实现，不仅需要课程结构具有合理性，还需要有科学的课程实施过程，因此，对于课程实施过程的评价，是跨境电商课程评价体系的重要组成部分。跨境电商课程实施过程的评价主要集中在以下几个方面，具体内容如图 4-2 所示。

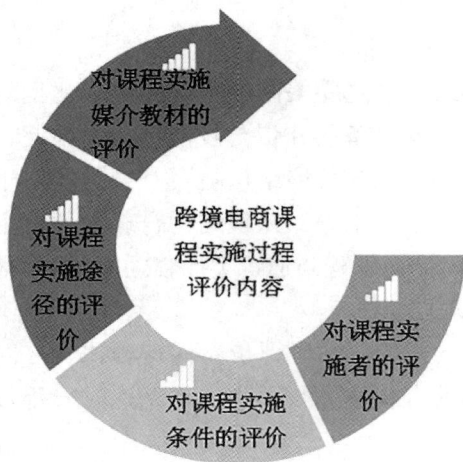

图 4-2　跨境电商课程实施过程评价内容

（1）对课程实施媒介教材的评价

教材是知识的载体，是教师开展教学活动最重要的辅助工具，教材直接体现着教学内容，影响着教学方法，在教学过程中扮演着十分重要的角色。对于教材的评价，既要评价教材的逻辑性、科学性、价值性、丰富性，还要评价教材的内容与逻辑是否符合学科教学的规律，是否符合学生的身心发展规律，是否符合学生的认知规律，以及与其他学科内容之间的协调程度。

（2）对课程实施途径的教学评价

对于课程实施途径的教学评价是课程实施过程评价的主体部分，对课程实施途径的教学评价主要集中在对于教学方式的评价上，教师对于教材内容的处理是否得当，教师选取的教学方法是否有利于学生对于知识的掌握和理解，教师能否根据不同课程的特点灵活选取合适的教学方法，在教学过程中教师是否帮助学生切实完善了知识与技能结构等，都是对课程实施途径教学评价的主要内容。

（3）对课程实施者的评价

对课程实施者的评价一般指的是对于教师的评价，当然，在跨境电商人才培养的过程中，课程实施者还包括在实践训练中担任教育者角色的资深行业从业人员。对于课程实施者的评价主要包括以下内容。

首先，要考察教师是否具备跨境电商教学的素质和能力，包括职业道德、教育理念、专业知识结构、综合知识素养、沟通能力、教材驾驭和开发能力、教学设计能力、教学监控能力以及学术研究能力，等等。

其次，要对教师的跨境电商实践能力进行考察，跨境电商专业注重应用型人才的培养，课程内容涉及大量的实践性教学内容，这就要求教师应该具备一定的实践经验与实践能力，这样才能承担起高校跨境电商实践教学的重任。

（4）对课程实施条件的评价

课程实施条件对于课程实施结果具有重要的影响，一切教学活动都离不开相关硬件设施与保障措施的支持，因此，对课程实施条件的评价同样也是课程实施过程评价的重要组成部分。由于跨境电商专业具有较强的实践性，因此，实践训练场所与设施对于跨境电商教学来说具有十分重要的影响。同时，由于跨境电商专业属于一门年轻的专业，发展历程较短，因此，政府与行业对于人才培养的政策与资金支持同样也是跨境电商人才培养必不可少的。对跨境电商课程实施条件的评价即主要包括以上这些人才培养的硬性支持与软性支持内容。

2. 对课程实施结果的评价

课程实施结果评价是课程评价体系的最终环节，同时也是课程评价最为重要的环节之一。课程实施结果评价针对的是课程教学成果，是对整个课程教学过程的总结性评价，课程结果评价的主要作用是通过总结和评价课程教学成果，发现课程教学过程中的优点与不足，进而为课程体系的优化提供指导，因此，对于课程实施结果的评价对于课程体系的构建与课程教学的过程具有重要的影响。

跨境电商人才培养的目的是促进学生的全面发展，为跨境电商行业发展提供高素质应用型人才，进而促进区域经济的发展。因此，对于跨境电商课程实施结果的评价不应该仅仅局限于学生对于具体知识的掌握，还应该重视对于学生综合素质与实践能力的考察，将其作为课程实施结果评价的重要因素，构建符合行业人才需求与学生发展需求的课程实施结果评价体系。

第五章 基于产教融合的高校跨境电商师资队伍建设

第一节 师资队伍建设理论基础

一、系统理论

（一）系统理论概述

系统理论也被称为普通系统论，或一般系统论，它是把研究对象看做一个整体进行研究的理论。系统由若干要素在特定的环境中按照一定的规律组合而成，不同要素之间相互联系、相互区别、相互作用。其中，相互联系与相互区别是各要素存在的基本方式，系统要素之间的相互作用是系统存在的内在依据，同时也构成系统演化的根本动力。系统理论的核心思想是系统的整体观念。

在高校中，教师共同构成的整体即师资系统，师资系统是高校系统中的一个特殊子系统，是高校系统的重要组成部分。师资系统的建设和完善不仅需要考虑师资系统和高校系统中其他子系统之间的关系，还需要考虑和校外社会环境中各系统之间的关系。

（二）系统构建的原则

1.整体性原则

整体性是系统最为显著的特性，系统是由不同部分按照一定规律组成的有机整体，但系统的功能却不是各部分功能的简单相加，不同部分之间相互联系会产生新的功能。系统的整体性决定系统功能的发挥会受到子系统的影响，系统若想实现良好的运行，就需要各子系统不能有明显的短板，且各子系统之间实现良好的协调与配合。

高校师资队伍的优化需要遵循整体性原则，师资队伍的建设和优化要综合考虑区域、学校和学生发展的总体目标来进行全面、系统的规划，在师资队伍建设的进程中要做到统筹兼顾、全面布局。师资队伍本身是一个完整的系统，只有处理好师资系统整体与各部分之间的关系，实现个部分之间的有效衔接，才能构建出符合高校育人要求的师资队伍。

2.有序性原则

有序性原则指的是系统的构建与运行均应按照一定的秩序进行。首先，从结构上来看，系统有序性是系统内部相互联系的反映，系统是不同的部分按照一定的规律组合形成的，这种规律表现为一定的秩序，而部分之间相对稳定的联系能够保障系统的秩序。其次，从运行上来看，系统的有序性能够保证系统运行按照一定的规则或规律有条不紊地运行和发展。

按照有序性原则，高校在进行师资队伍的建设时，首先要注意师资配置的有序性，科学合理地进行师资配置。在构建师资队伍的过程中，充分考虑教师在年龄、职称、学历、教学能力、教学经验等方面的素质和差异，尽量使师资队伍达到一个相对较高的结构层次。其次，有序性原则还要求师资队伍需要按照一定的秩序不断进行调整与优化，这一过程是保证师资队伍永葆活力、充分发挥自身功能、促进教学发展的必要环节。

3.反馈性原则

反馈指的是将系统的输出返回到输入端并以某种方式改变输入，进而影响系统功能的过程。反馈性是系统重要的特性，缺乏有效反馈的系统，不能及时发现自身在结构与运行过程中存在的不足，难以实现良好的运行。

作为高校系统中重要的子系统，高校师资队伍的建设同样需要遵循反馈性原则，建立相对完善的师资配置信息反馈制度，以应对师资队伍建设和运行过程中出现的目标偏离的状况。

二、人力资本理论

（一）人力资本理论的诞生

人力资本理论源于经济学的研究，是经济学重要的理论之一，于20世纪60年代由美国经济学家西奥多·舒尔茨（Theodore W. Schultz）加里·斯坦利·贝克尔（Gary Stanley Becker）创立。该理论将资本划分为物质资本与人力资本，该理论认为物质资本指的是人类生产活动中所包含的物质产品的资本，包括机器、原材料、厂房、土地，等等，而人力资本则是体现在生产者身上的资本，即对生产者进行教育、培训以及其他方式的培养等项目的投资，表现为生产者自身拥有的知识、技能、经验等综合素质的总和。

相比于物质资本，人力资本自身具有显著的特点。其一，人力资本是基于人的身体而产生的，因此人力资本是不能买卖的，只能通过租赁的形式发挥其价值。其二，人力资本具有时效性和个体差异性，这是因为人力资本效能的发挥是与人的个体活动紧密相关的，人类不是机器，不会始终开展同一生产活动，即使从事同类型的工作，也很大概率不会永远坚持在同一岗位、同一地点。而且，人类个体之间存在巨大差异，这种差异体现在性格、价值观、行为方式、知识与能力等各个方面，因此，人力资本具有显著的实效性和差异性。其三，人具有社会性，因此，人力资本不是一种经济资源，而是一种社会资源，其对于经济增长的促进作用要强于物质资本。

跨境电商作为一个新兴的行业，发展迅猛，势头良好，跨境产业的发展需要高素质、专业化的从业人员队伍，而高素质跨境电商从业人员的培养则离不开高水平的师资队伍。高校跨境电商师资队伍的构建和优化需要以人力资本理论为指导，明确教师在人才培养中的重要作用，重视高素质师资队伍的建设。

（二）人力资本理论的内容

1. 人力资本的作用大于物质资本的作用

舒尔茨等人认为，在现代化的生产条件下，劳动生产率的大幅提升，正是人力资本不断增长的结果。从另一个角度来看，生产技术的提升也是人们在社会实践的基础上，充分发挥主观能动性，进行科技创新的结果。第二次世界大战以后，世界上许多国家在废墟上迎来了经济的迅速发展，这正是由于重视人力资本投资的结果。如果不重视人力资本的投资，物理资本投入再多也无济于事。

当然，经济的增长是人力资本与物理资本共同作用的结果，二者缺一不可，在生产实践中，我们应该重视人力投资与物力投资的协调，以保证经济的健康发展。

2. 人口质量重于人口数量

人力资本主要包括两个方面的内容：其一是人口的质量，即人口的素质；其二是人口的数量。相比与人口的数量，人力资本理论更加强调人口质量的重要性。在农业社会，人口数量对于国家的发展具有显著的作用，但是当人类历史迈入工业社会乃至信息化社会后，劳动力素质就成为了社会生产力发展首要推动力。在当今这个创新时代中，人口素质的提升也是创新的重要源泉，是提升生产力水平的重要前提。可以说，空有数量而没有质量的人力资源，难以对经济的发展起到显著的促进作用。

3. 人力资本投资的核心是教育投资

前面我们提到了人口质量高于人口数量的观点，因此，人口质量的提升是人力资本理论的关键内容。人力资本投资是提升人口质量的重要途径，而人力资本投资的最常见也是最有效的方式就是加大教育投资。纵观世界上社会经济发展水平较高的国家，绝大部分都对教育非常重视。不同国家或地区的人们在先天素质上并无较大差异，但由于后天教育条件的不同，人口素质之间的差距就会逐渐显现，最终造成不同国家之间发展差距巨大。教育投资具有一定的滞后性，但从长远的眼光来看，相对于短期的物质投资来说，教育投资的回报要远高于物质投资，这也是人力资本的作用大于物质资本作用的体现[①]。

（三）高校人力资本概述

高校人力资本指的是服务于高校人才培养的人们的总称，主要包括师资队伍、行政队伍和服务队伍三大类。其中，师资队伍在人才培养中发挥着十分关键的作用，是高校实现组织发展目标中最关键的资源，也是我们在本部分重点讨论的对象。师资队伍的能力和素质对于高校人才培养的成果具有直接的影响。

高校教师是一种相对特殊的人力资本，高校教师不直接从事生产活动，而是不断地积累和更新自己的知识储备，并将这些知识传授给更多的学生，因此，教师的劳动价值是难以量化的，这是教师人力资本特殊性的集中体现。

高校教师具有极高的价值性，教师自身的劳动价值是难以量化的，但教师可以通过教学实践培养更多的人才，创造更多的价值，且教师可以通过教书育人宣传正确的人生观、世界观和价值观。高校教师的任务不仅仅包括教学，还包括科研。高校教师在科研的过程中可以通过发表科研成果，直接或间接地产生经济效益或文化效益。

高校教师具有稀缺性和不可替代性，这是因为高校教师的培养周期非常长，培养过程中需要投入大量的资源与时间，这也是高校教师与其他普通劳动力显著的不同之处。

三、教师专业发展理论

（一）一般职业与专业性职业

我们探讨职业与专业，首先要从二者的含义出发。职业一词是指个人所从事的服务社会并作为自身主要生活来源的工作，而职业本身又分为一般职业和专业性职业。

"职业"一词在英文中的翻译有三个，即 occupation、profession 以及

vocation。其中，occupation 侧重于指代一般的谋生职业，还有消遣和业余活动的意思，而 profession 则指代需要特殊专业能力或是较高教育水平的职业。2013 年我国公布的教育学名词中就包括"专业性职业"一词，虽然其英语解释中同时出现 profession 和 occupation，但该词的公布表明在汉语语境中，已经对一般的职业与专业性职业进行了明确的划分。

从 occupation 到 profession，从一般意义上的职业到专业性职业，不仅仅是语义的变化，还是一个具体的发展过程。随着时代的发展，社会分工的细化要求职业人员拥有更高的专业素养，包括专业知识与专业技能，越来越多的一般职业开始向专业性职业转变。

按照现代广泛运用的"专业化"标准的定义解释，所谓"专业"，就应当满足以下基本条件：一是范围明确，垄断地从事于社会不可缺少的工作；二是运用高度的理智性技术；三是需要长期的专业教育；四是从事者个人、集体均具有广泛自律性；五是专业自律性范围内，直接负有作出判断、采取行为的责任；六是非营利性，以服务为动机；七是拥有应用方式具体化了的理论纲领。

"专业"一词在《汉英双解现代汉语词典》中有三个解释。第一，在高等学校的一个系里或中等专业学校里，根据科学分工或生产部门的分工把学业分成的门类。第二，产业部门中根据产品生产的不同过程而分成的各业务部分。第三，形容专门从事某种工作和职业的。我们这里讨论的教师专业发展使用的是第三个解释，即教师职业要求从业者不断提升自己的专业知识和专业技能来实现职业的不断发展。这里的"专业"与专业性职业的概念基本相同，即需要较高的知识或能力需求的职业。

（二）专业化的含义

如上所述，随着社会分工的不断细化，越来越多的一般性职业逐渐发展为专业，这是历史发展的必然趋势，而这一发展过程就是职业的"专业化"过程。专业化是指在一定时期内，一般职业群体通过不断发展最终逐渐达到或超越专业的标准，成为专业性职业群体的过程。

专业化是一个过程，具有历史性。一般职业的专业化是一个历史的发展过程，在较长一段时间内，该职业的从业人员不断提升自身的专业知识水平和专业技能素养，使得职业在发展过程中不断提升行业的整体标准，并达到专业的水平，成为专业性职业，而在这一阶段，该职业从业人员的专业素质则必须达到其专业的标准。

专业标准的制定和提升是专业化的重要标志，也是考察职业专业化程度的重要因素。专业标准将专业性职业与其他职业区分开来，同时也为从业人员提供了奋斗目标与评测标准。在某一职业中，行业内的从业人员通过不断的知识学习和技能磨练提升自己的专业能力，可以实现职位的升迁或报酬的提升。行业外的人员则可以通过该行业专业技能的学习进入行业内部，成为专业人员。专业标准的制定主要以行业内从业人员的普遍专业水平为标准，在我国，行业的专业标准通常表现为准入标准。例如，从事法律专业性强的相关职业，需要拥有国家法律职业资格证书，律师行业还需要额外考取律师执业资格证。建筑工程类职业根据具体工作内容的不同，需要通过对应的考试，比如一、二级建造师考试，消防工程师考试，监理工程师考试等。而在教师行业，专业的准入标准一般为教师资格证。相对于其他行业的标准来看，教师行业虽然有自身的评价体系和评级制度，但准入标准相对并不严格，教师资格证的考取难度并不算高，且对象范围非常广，整体的专业性相对较低。

职业专业化是一个不断发展的过程，因此其专业标准也不是一成不变的。随着职业专业化程度的不断提升，或者专业性职业内部分工的不断细化，专业标准也会随之变化，以适应专业发展的要求。

（三）教师专业化与教师专业发展

探讨教师专业发展的内涵，我们首先要明确教师专业化与教师专业发展的含义以及教师专业发展的内在要求。

教师专业化是教师职业专业化的过程，从广义上来讲，它有两个层面的含义。其一是教师作为一门职业，其专业化程度不断提升，对于从业人员素质的要求更加严格。其二是作为从业者的教师群体不断丰富自身专业知识、提升自身教学能力和技巧的自我提高过程。从狭义上来讲，教师专业化更多是从社会学角度考虑问题，更加强调作为一个整体的教师这个职业的专业性提升过程。高等教育作为层次较高的教育形式，国家对其师资队伍的专业化发展水平十分重视，近年来，政府和社会给予高校跨境电子商务师资队伍建设大量的支持，以促进跨境电子商务师资队伍专业化水平的提升。

教师行业的专业性在世界各国已经得到普遍的认同，联合国教科文组织也明确提出教育工作教育工作是一种专业性强的专门职业，并于1996年提出了一系列加强教师专业化的建议，包括构建科学的职业发展体系，创设适当的行业评价体系、提升教师职业的收入与社会地位等。但在实际生活中，教师专业性没有有受到足够的重视，许多人对于教师的专业性持怀疑态度，教师专业化本身的发展也的确存在一定的不足，需要进一步提升。

学术界关于教师专业化与教师专业发展之间的关系的讨论主要存在三种不同的观点。

第一，教师专业化的过程等同于教师专业发展。

第二，教师专业化与教师专业发展的主体不同。教师专业化的主体是教师职业，含义是教师职业不断完善，专业水平不断提升的过程。教师专业发展的主体则是教师，指的是教师自我提升的过程。

第三，教师专业化包含教师专业发展。教师专业化包括教师职业和教师个体两个主体，教师专业化同时具有实现职业整体发展和从业者个体进步两个层面的含义。

综上所述，我们看可以看出，广义上的教师专业化与教师专业发展之间并没有太明确的界限，"发展"即"变化"，教师专业发展与教师专业化之间存在诸多相通之处，均指加强教师专业性的过程。

从狭义上来看，教师专业化与教师专业发展则是两个不同的概念。双方强调的主体不同，教师专业化更加强调整体，即教师这个职业，而教师专业发展更加强调作为行业从业者的教师个体成长的过程。

四、"双师型"教师概述

（一）"双师型"教师的内涵

"双师型"教师是职业教育中一种特定的教师类型，诞生于我国职业教育的实践之中。随着我国职业教育的不断发展，在技能型人才培养的过程中，对于实践性环节教学质量的要求越来越高。教师作为教学活动的主导者，在人才培养的过程中发挥着重要的作用，因此，提升教师的专业素质，优化教师队伍的结构，就成为职业人才培养最重要的任务之一，"双师型"教师的概念就是在这种背景下诞生的。随着国家对于应用型人才培养的重视，"双师型"教师受到越来越多高校的重视。

王义澄于1990年在《中国教育报》上发表题为《建设"双师型"专科教师队伍》的文章，将"双师型"教师队伍建设列为提升职业教育水平的一项重要举措。他在1991年发表的《适应专科教学需要，建设"双师型"教师队伍》一文中，更是系统地提出了"双师型"教师队伍构建的路径以及侧重点。国家对于"双师型"教师队伍的建设十分重视，将其作为发展职业教育与实现教师专业发展的重要举措，在关于发展职业教育的文件中多次强调"双师型"教师的重要性，并对于"双师型"教师占全校专任教师的比例进行了规定，并将"双师型"师资队伍的建设纳入学校的考评机制中[①]。

目前学界对于"双师型"教师的概念尚无统一的定论，有的学者认为，"双师型"教师指的是拥有"双证"或者"双职称"的教师。有的学者则认为"双师型"教师也定义为兼具理论教学素质和实践教学素质的教师。综合学者们的观点，"双师型"教师应该具备以下几方面的素质与能力，具体内容如图5-1所示。

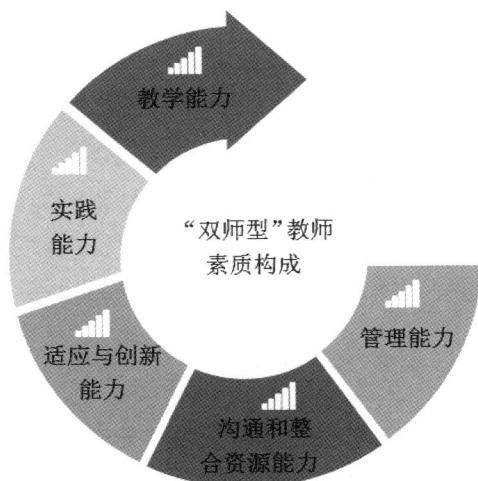

图5-1　"双师型"教师素质构成

---

① 崔静静，龙娜娜，房敏，等. 新时代地方本科院校"双师型"教师队伍建设研究[M].北京：冶金工业出版社，2020.

1."双师型"教师应该具备较强的教学能力

"双师型"教师的本质仍然是教师，教书育人是其核心职责，因此，"双师型"教师首先需要具备的就是教师职业素养。

2."双师型"教师应该具备较强的实践能力

"双师型"教师应该具备与讲授专业相对应的行业的职业素质，具备较强的行业或职业的专业能力与实践能力。"双师型"教师与传统教师最大的不同点就是具备较强的专业素养与职业能力，因此，"双师型"教师能够更好地胜任实践技能教学的任务。

3."双师型"教师能够沟通校内外教育资源

"双师型"教师能够沟通学校与社会，促使校内外教育资源实现有效衔接，具备较强的交往、组织和协调能力。

4."双师型"教师应该具备良好的管理能力

"双师型"教师既需要具备良好的班级管理与教学管理能力，同时还需要具备一定的企业、行业管理能力，能够教授学生丰富的企业、行业管理知识。

5."双师型"教师应该具备较强的适应能力与创新能力

"双师型"教师应该具备较强的适应能力，这是其职业特性所要求的，"双师型"教师横跨至少两个领域，对于不同的知识与技能体系、不同的教学与管理方式、不同的单位组织架构、不同的工作目标与工作内容，都需要具有较强的适应性。

"双师型"教师还应该具有一定的创新能力，创新是时代发展的重要驱动力，同时也是新时代高素质人才所必须具备的能力，作为为社会主义市场经济培养高素质人才的教师，也需要具备一定创新能力，这样才能在教学过程中培养学生的创新思维，提升学生的创新能力。

（二）"双师型"教师团队的内涵

通过以上阐述，我们对于"双师型"教师的内涵有了较为清晰的认知，"双师型"教师个体的力量有限，高校若想提升人才培养水平，为行业发展源源不断地输送高素质技能型人才，就需要打造一支高素质的"双师型"教师团队。

"双师型"教师团队有两种基本形式，一种是全部由"双师型"教师组成的教学队伍，这种教师团队的成员普遍具有较高的教学能力和职业素养，非常适合技能型人才的培养，但这种教师团队的教师培养周期长，组建成本高，是一种相对理想的职业教育师资团队，但对于部分高校来说，组建这样一支高素质"双师型"教师团队有一定的难度。另一种形式是在"双师型"教师团队中，既有专业的教师，同时也有兼职的教师，兼职教师有的来自高校，有的来自企业，有的则来自科研单位或行业协会。专职教师主要负责理论知识教学，而兼职教师则主要负责实践教学，团队中的教师各司其职，相互配合完成教学任务。高校应该从自身条件与教学实践出发，组建适合自身的"双师型"教师团队，优化师资队伍，提升技能型人才培养水平。

"双师型"教师这一概念从提出至今已有20余年，我国的"双师型"教师队伍建设也取得了一定的成效，随着国家对"双师型"教师重视程度的不断提升，"双师型"教师队伍不断壮大，"双师型"教师素质不断提升，为我国高等教育事业提供了越发坚实的师资保障。

但是，在跨境电商领域，由于专业建设的时间相对较短，"双师型"教师的师资队伍建设不尽如人意，还不能很好地满足高等教育跨境电商专业人才培养的需求。"双师型"跨境电商教师无论在数量还是质量方面都无法满足要求，大部分跨境电商教师在实践经验方面不能完全满足跨境电商人才培养的需求，尚存较大的可提升空间。

第二节　师资队伍建设的要求

一、高校跨境电商师资队伍建设情况

（一）高校跨境电商师资队伍构成情况

在产教融合理念的指导下，经过政府、高校与企业共同的努力，跨境电商教育师资队伍无论是教师与在校生比例、教师的高学历高职称人数、"双师型"教师比例等数量指标，还是教师的教育教学能力、实践教学水平、科研与服务社会能力等质量指标，都有了显著的提高。

在高校跨境电商师资队伍构成方面，师资结构更加合理，师资素质不断提升。随着近年来跨境电商产业的不断发展以及跨境电商人才培养水平的不断提升，无论是行业还是高校，都孕育出一大批高素质跨境电商人才，他们有的是行业经营，有的是优秀教师，有的是跨境电商专业的优秀毕业生，大量的跨境电商人才在补充行业人才缺口的同时，也为高校跨境电商师资队伍建设提供了大量的高素质人才。

人才素质的不断提升使学校在构建跨境电商师资队伍时有了更多的选择，高校根据具体的教育发展需求，通过多种途径选择适合的人才补充进教师队伍，同时，在产教融合不断深化的背景下，通过与企业进行深入合作，共同开展师资培训，使得学校教师队伍的素质不断提升，师资结构更加合理。

（二）高校跨境电商教师培养情况

随着跨境电商行业的迅速发展，以及国家对于教师专业化发展的高度重视，各地政府、高校与企业充分协调，以校内培训和校外培训相结合的方式，组织跨境电商教师开展系统的学习与培训，积极通过各种渠道开展教师培养，鼓励教师面向企业，以丰富其专业实践经验。例如，鼓励校内跨境电商教师定期前往企业进行顶岗实践，以促进理论与实践相结合，培养"双师型"师资队伍。又如，聘请跨境电商企业的管理人员、技术人员等到校做兼职教师，以提高校内跨境电商专业师资水平。

许多高校定期选派跨境电商教师参加跨境电商交流会、研讨会等，增强对区域内外跨境电商发展新情况的了解，并将行业新的发展状况带回学校，与广大任课教师共同分享交流，丰富了教师的知识体系，拓展了教师的视野，使高校跨境电商师资队伍整体素质获得了显著的提升。

目前，我国跨境电商教师培养呈现出多渠道、深层次、全方位的特点，不仅在教师培养途径上呈现出多样化的趋势，同时注重教师专业化发展的重要性，不仅重视教师跨境电商实践技能的训练，同时注重教师教学能力的培养和提升。

（三）高校跨境电商师资队伍保障情况

我国不但注重跨境电商师资队伍的建设，同时还出台一系列规范和保障措施，为跨境电商师资队伍的建设与发展提供良好的政策环境，政府与高校也出台一系列激励和保障措施，促进跨境电商师资队伍的发展。

国家十分重视对于高校师资队伍建设的规范和保障。2021年，教育部等六部门印发了《关于加强新时代高校教师队伍建设改革的指导意见》（以下简称《指导意见》），对于新时代高校教师队伍建设改革具有重要的指导意义。《指导意见》指出，要着力提升教师专业素质能力。针对高校教师发展制度不系统、教师培训针对性和实效性不高、教师发展支持服务体系不健全等问题，明确健全高校教师发展制度、夯实高校教师发展支持服务体系2项举措，健全教师发展体系；系统化建立教师发展的培训制度、保障制度、激励制度和督导制度；健全教师发展组织体系。

《指导意见》还指出，要完善现代高校教师管理制度。针对部分地区对高校选聘教师用人权下放不够、教师岗位管理不够灵活、教师考核评价体系单一、教师兼职和兼职教师管理不完善等问题，提出完善高校教师聘用机制、加快高校教师编制岗位管理改革、强化高校教师教育教学管理、推进高校教师职称制度改革、深化高校教师考核评价制度改革、建立健全教师兼职和兼职教师管理制度6项举措，充分落实高校用人自主权，出台高校教师职称制度改革的指导意见，完善教师职称评审标准，分类设置评价指标，确定评审办法；突出质量导向，注重凭能力、实绩和贡献评价教师。

在高校教师待遇方面，《指导意见》提出要切实保障高校教师待遇。针对高校绩效工资制度活力不够、薪酬分配机制不完善等问题，提出推进高校薪酬制度改革、完善高校内部收入分配激励机制2项举措，落实以增加知识价值为导向的收入分配政策，扩大高校工资分配自主权，探索建立符合高校特点的薪酬制度；在保障基本工资水平正常调整的基础上，合理确定高校教师工资收入水平，并向高层次人才密集、承担教学科研任务较重的高校加大倾斜力度；落实高校内部分配自主权，向扎根教学一线、业绩突出的教师，承担急难险重任务、做出突出贡献的教师，以及从事基础前沿研究、国防科技领域教师倾斜。

《指导意见》还特别强调了要加强高校教师队伍建设保障。从组织保障、责任落实、社会支持等方面，确保教师队伍建设取得实效。在《指导意见》的指导下，结合行业发展实践，我国高校跨境电商师资队伍的建设有了明确的方向，高校与企业为师资培训提供充足的条件与机会，促进教师专业发展。与此同时，作为产教融合的重要组成部分之一，政府也充分发挥自身的职能，为跨境电商师资队伍的建设提供足够的制度保障，随着产教融合的不断深化以及跨境电商专业的不断发展，我国跨境电商师资队伍的素质不断提升，教师的相关保障也逐渐完善。

二、高校跨境电商师资队伍建设的可提升空间

随着我国跨境电商人才培养的不断推进，我国高校跨境电商师资队伍的建设也取得了显著的成效。当然，由于跨境电商发展历程较短，相关师范教育发展不成熟，我国高校跨境电商师资队伍的建设尚存一定的可提升空间，主要表现在以下几点，主要内容如图 5-2 所示。

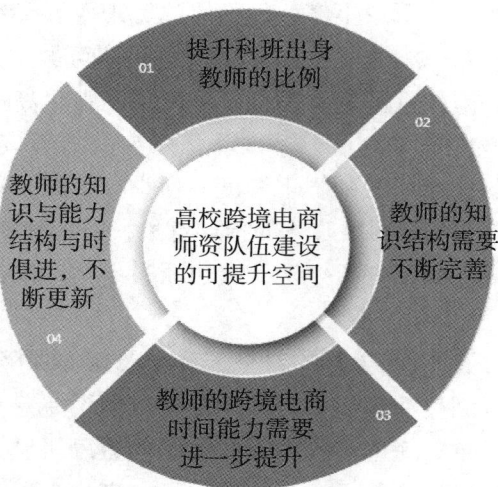

图 5-2　高校跨境电商师资队伍建设的可提升空间

（一）提升科班出身教师的比例

由于跨境电商专业属于新兴交叉学科专业，人才培养历程相对较短，特别是研究生以上高层次电子商务专业人才培养滞后，进而导致了部分高校跨境电商师资供应不足的情况产生。

跨境电商是一门年轻的专业，且涉及大量的交叉学科知识，非跨境电商科班出身的教师能够承担不同学科的教学任务，其知识与能力结构

具有较强的专业和技能指向性，但是其跨境电商的理论与技能结构并不完善，不能很好地把握跨境电商整体的知识体系。而跨境电商作为一门发展历程较短的专业，若想培养高素质应用型人才，就需要提升跨境电商科班出身教师的比例，以保证学生能够通过理论知识学习与实践技能训练，形成科学、完善、专业性强的跨境电商知识与技能体系，这同时也是跨境电商行业发展的需求。

随着近年来跨境电商的迅速发展以及越来越多的高校设立跨境电商专业，跨境电商科班出身的人才越来越多，这些人才之中，有相当一部分进入行业，开展跨境电商工作，还有一部分则进入高校，补充跨境电商的师资队伍。高校若想切实优化跨境电商的师资队伍，提升科班出身的教师比例，就必须提升自身对于人才的吸引力，提升教师的待遇，优化教学环境，完善对于跨境电商师资队伍的保障。政府也应该出台一系列激励措施，使跨境电商人才在走出校门后，除了进入企业之外能够有更多的选择，愿意走入学校，且能够在教学工作中充分发挥自己的才能。

（二）提升教师专业素质

教师作为课程教学的主导者，在人才培养的过程中发挥着不可替代的作用。高校若想切实提升跨境电商人才培养的水平，就必须重视教师的专业素质的提升。教师的专业素质主要包含以下几方面的内容。

1. 教师需要不断完善自身的理论知识体系

理论知识体系对于教师来说十分重要，身为一名教师，必须具备相对完善的知识结构，才能更好地履行教学职责。特别是对于跨境电商专业来说，作为一门崭新的学科，学生在学习过程中，必须夯实理论知识的基础，才能更好地构建知识与技能结构，这就要求教师的理论知识体系必须是丰富且扎实的。且由于跨境电商涉及的交叉学科较多，覆盖的知识与技能领域较广，教师必须对于跨境电商知识结构有一个系统且全面的掌握，这样才能确保学生能够在跨境电商的学习中形成结构清晰的知识体系。

2. 教师需要磨炼自身的实践技能

跨境电商是一门实践性较强的专业，提升学生的实操能力是跨境电商重要的教学目标之一，因此，作为教育者的教师除了要具备较高的专业理论素养外，还必须要紧跟行业、企业和市场，拥有较高的技能水平，这样才能保证实践教学的有效性。提升教师的实践能力，高校一方面需要加强实践平台的建设，为教师的专业化发展提供足够的硬件支撑，另一方面需要不断深化产教融合，提升校企合作水平，使教师拥有更多的实践机会。

3. 教师需要不断提升教学能力

作为教师，优秀的教学能力是必不可少的，教师不仅要具备知识，还要懂得如何传授知识。由于跨境电商的发展历程较短，相关专业的师范教育并不成熟，在高校跨境电商师资队伍中，有相当一部分教师缺乏教育学背景，这就造成教师虽然具备较强的专业素养，但是教学能力与教学管理能力尚有不足。针对这一问题，学校应该科学安排时间，定期组织教师进行培训，提高教师的教学水平，促进教师的专业化发展。

（三）注重知识与能力结构的更新

高校跨境电商师资队伍建设还需要重视教师知识与能力结构的更新。跨境电商是时代的产物，伴随着网络技术的快速发展，各种新知识、新技术、新模式不断呈现，跨境电商相关知识与技能的更新速度也非常之快。跨境电商时代性的这一特点也对跨境电商人才培养提出了要求，人才的培养本身就需要一定的周期，因此，为了确保培养出的人才不滞后于时代的发展，就需要保证培养模式与教学内容的与时俱进，在课程设置上强调前瞻性，在教学内容上体现最新的行业知识与技能。

教师作为教学活动的主导者，在跨境电商人才培养中发挥着重要的作用，因此，其知识与能力结构必须符合行业的发展与人才培养的需求。教师要紧跟时代步伐，不断实践，不断充电，不断更新，唯有如此，方能使得自身知识结构得到补充、更新。

网络技术的发展以及高校跨境电商新业态的不断出现，要求教师必须拓展自己的视野，走进跨境电商行业的生产实践中，深入了解行业的新理念、新动态，这就需要学校与企业在产教融合人才培养理念的指导下不断深化校企合作水平，校企协同对教师展开培训，使教师能够掌握最新的行业知识与技能，并将其带入课堂，保证教学内容的与时俱进。

第三节　创新师资队伍建设路径

一、加强跨境电商教师在职培训

（一）组织跨境电商教师参加校内培训

高校应该重视校内培训的作用，校内培训是促进跨境电商教师专业发展的重要途径，打造一支高素质的教师队伍，不仅要重视人才的引进，同时还要重视对本校教师的培养，这样，才能保证高校师资队伍实现整体优化。组织教师参与校内培训，既是构建高素质师资队伍的需要，也是教师专业发展的需要。校内培训具有以下两方面的优点。

1. 组织方便

校内培训的开展场所是学校，因此，无论从时间维度还是从空间维度来看，都便于组织教师开展培训活动。学校是教师日常工作的场所，校内培训可以在不耽误课程进度的情况下，使教师参与到培训活动中来。学校可以根据教师的工作时间，合理安排或灵活调整教师的授课时间，集中组织教师开展校内培训。

2. 立足教学实践，针对性强

校内培训是立足本校教学实践开展的教师培训活动，因此，培训内容更加贴合教师的教学实践，在培训过程中，教师可以就自己在教学过程中遇到的问题展开讨论，或交由经验丰富的教师或者专家进行解答。培训的内容也是以提升本校跨境电商教学效果为核心，具有很强的针对性。

鼓励高校跨境电商专业教师参加校内培训，教师通过培训发现并解决在跨境电商教学过程中遇到的问题。学校还可以利用老带新的培训方式，让经验成熟的老教师对新教师进行理论与实践层面的指导，用丰富的教学经验帮助新教师少走弯路，提升教学能力，培训方式可以是新老一对一，也可以是一对多。

高校还可以组织教师交流会，教师通过交流会将自己在教学过程中遇到的问题列举出来，供新老教师交流与讨论，教师群体群策群力，共同分析问题产生的原因，探索应对问题的方法，教师还可以通过这种方式发现自己在教学过程中潜在的问题，防患于未然。

（二）积极组织开展跨境电商教师校外培训

高校跨境电商教师培训的方式主要有两种，分别是校内培训与校外培训，校内培训侧重解决教师在实际教学过程中遇到的问题，重视对于教师教学能力的培养。校外培训的主要任务则是培养和提升教师的跨境电商实践技能，校企合作中的教师校外培训则能够充分体现产教融合的理念。

跨境电商是一门实践性较强的专业，十分重视对于学生实操技能的培养，教师作为教学活动的主导者，不仅要具备扎实的理论知识基础、开阔的视野、与时俱进的思维，同时还应该具备较高的职业素养与实践能力，这样才能确保实践教学的质量。由此，跨境电商教师必须对于行业的发展现状与发展趋势有一个相对清晰的认知，了解行业企业对于高校学生素质的要求，掌握行业的新技术以及生产操作的具体流程与方法。为此，高校与企业之间应该不断深化合作，协同开展教师校外培训，为高校教师到企业进行实习和培训提供机会与场所。

在组织跨境电商教师进行校外培训的具体方式中，最常见的就是企业"顶岗"实训。校外培训与校内培训不同，培训地点与教师工作地点并不在同一地点，且培训时间一般相对较长，为了避免影响正常的教学进度，学校应该分批次组织教师轮流进入企业进行"顶岗"实训，这样一来，既不耽误学校正常的教学工作，又能使教师在校外进行系统的培训，切实提升自身专业素养，并能够更好地学以致用，将培训内容与课堂教学充分结合，改进教学方式。

提升高校跨境电商教师校外培训的另一种有效途径就是加强教师培训基地建设。高校若想打造一支高素质的教师队伍，就必须加强与政府、企业之间的合作，通过体制机制创新，建设能够适应现代高校教师专业化发展需求的实训和培训基地。教师培训基地的建设首先需要整合区域内的师资与教育资源，形成跨境电商教师专业发展理论研究的骨干力量，为跨境电商教师专业化发展制定标准，构建课程体系与培训项目。其次，政府、学校、企业三者之间协调配合，充分调动区域内跨境电商的实训资源，建立区域性共享式公共实训基地。同时，学校与企业之间也可以通过不断深化校企合作，共同建设针对性较强的教师培训基地。最后，跨境电商教师培训基地应该积极吸纳社会资源，与国内外的企业、高校、科研院所以及其他教师培训基地开展合作与交流，不断丰富培训的内容，优化教师培训的模式。

二、建设"双师型"跨境电商教师团队

"双师型"教师团队建设是我国职业教育发展的重要路径，跨境电商作为发展历程较短的专业，更需要实践经验丰富的"双师型"教师对学生的理论学习与实践训练进行指导，构建"双师型"跨境电商教师团队主要从以下三方面进行。

（一）师资培训与引进人才相结合

"双师型"教师队伍的建设途径有很多种，其中最为常见的方式有培训现有教师、引进"双师型"人才以及聘请兼职教师等。由于跨境电商专业发展时间较短，与其他专业相比，"双师型"教师数量并不多，因此，引进"双师型"人才与聘请兼职教授的师资队伍建设方式受到广大学校的青睐，这两种方式的优点是能够使"双师型"教师团队迅速组建成型，同时能够保证教师具备加强的专业素质，但这两种方式也有其固有的缺点，不能作为"双师型"师资队伍建设的根本推动力。

1.引进"双师型"人才

引进"双师型"人才是许多高校构建"双师型"教师团队的主要途径。这种方式的优点有很多，首先，可以起到快速补充高校"双师型"教师队伍的作用，学校通过这种方式能够在短时间内构建一支整体素质较高的"双师型"教师团队。其次，这种方式能够节省学校"双师型"教师培养的时间成本，或者可以在学校"双师型"教师的培养周期内补充学校的师资队伍，实现学校师资队伍的平稳优化。但是这种"双师型"教师团队构建方式也存在一定的缺点，首先，引进的人才对于高校的实际教学情况并不了解，容易导致教师不能很好适应教学实践的情况发生。其次，人才引进的方式受一系列外部因素影响较大，难以保证各专业教师资源的平衡和教师资源的充足。

2.聘请兼职教师

与引进"双师型"人才的方式类似，聘请兼职教师的方式同样可以有效提升高校师资队伍的整体水平，对于高校的跨境电商教学以及跨境

电商教师的专业发展能起到较好的指导作用，但是，当前"双师型"教师已经成为职业教育教师专业发展的必然趋势，跨境电商人才培养需要大量的"双师型"教师，兼职教师的数量毕竟有限，难以满足高校"双师型"教师建设的需求。因此，对高校现有的跨境电商教师进行培训，就成为高校"双师型"教师队伍建设的主要途径。

3. 培训现有教师

培训现有教师是"双师型"教师队伍建设的主要途径与趋势，跨境电商教师的培养路径有很多，一方面，要加强理论研究，重视理论对于实践的指导作用，高校应该对国内外"双师型"教师培养的理论与实践进行深入地分析与科学地研判，结合自身教师专业发展的实际情况，确立"双师型"跨境电商教师的培养目标与培养方案，将"双师型"教师的培养上升到学校战略的高度，以理论为支撑展开教师培养实践。

另一方面，教师培养也要抓重点、树典型、立标杆。要对一些跨境电商的骨干教师有针对性地进行重点培养，在对"双师型"跨境电商教师队伍进行全面培养的同时，还要有重点培养跨境电商教师队伍中的一些中青年骨干教师，提升其教学能力与专业素养，使其成为"双师型"教师发展的典范与标杆，在跨境电商的教学实践中起到带头作用。

在"双师型"教师培训中，要坚持校本培训与校外培训相结合的原则，对跨境电商教师的专业知识、专业技能和教育教学知识与技能进行全面培训，使其成为能够满足学校提升跨境电商专业教学水平需求的高素质"双师型"教师。

（二）坚持"产学研"结合的办学理念

高校的办学理念对于师资队伍建设有着重要的影响，"双师型"教师队伍的建设路径有很多，但无论是引进"双师型"人才、聘请兼职教授还是培训现有教师，都需要学校坚持"产学研"结合的办学理念，只有这样，才能使"双师型"教师团队的建设符合技能型人才培养的需求。

"双师型"教师团队建设需要实现团队中教师知识与能力结构、教学方式以及教学理念的转变。教师的知识结构需要从知识型向知识与实践结合型转变，教师的教学方式需要从课堂理论教学转向实践教学与实践训练，教学理念要从提升学生成绩向培养高素质应用型人才转变。而实现这些转变的重要基础条件，就是学校坚持"产学研"结合的办学理念，创新"产学研"办学的机制，为"双师型"教师队伍的建设提供良好的环境。

（三）建立健全规范与保障制度

建设"双师型"教师队伍，不仅要重视教师队伍构建的过程，同时还要重视对于教师队伍建设的各项支持与保障措施，比如，建立健全"双师型"教师的评价制度与激励制度就是"双师型"教师队伍建设的重要支持和保障措施。建立健全评价与激励制度既可以对师资队伍的建设起到良好的规范作用，同时还能提升教师队伍的积极性，引导教师不断完善自我，实现更好的专业发展。建立健全"双师型"教师的规范与保障制度，需要对以下几方面的内容提起重视。

1. 提升"双师型"教师培养的战略高度

构建良好的"双师型"教师队伍的前提是对于师资队伍的优化给予充分的重视。高校应该将"双师型"教师队伍建设纳入学校发展的总体规划之中，将其上升到战略层面，作为学校重要的发展战略之一进行建设，提升"双师型"教师的地位。

2. 建立健全继续教育制度

教师专业化发展要求教师要树立终身学习的观念，教师既是教育者，同时也是学习者，在工作的同时坚持学习，不断丰富自身的知识，磨炼自身的技能，不断提升自身的专业发展水平。同时，学校也应该为教师及碍事的专业发展提供充分的支持与保障，建立健全继续教育制度。建立健全教师继续教育的培训制度，需要根据教师的实际情况、自身特点以及教学实践等，通过校内培养与校外培训相结合的方式开展教师培训，保障教师继续学习的权利，促进跨境电商教师的专业发展。

在产教融合的理念下，跨境电商人才的培养需要校企深入展开合作，校企合作的内容十分广泛，不仅包括学生的培养，还包括科研、技术、师资培训等方面的合作。企业应该充分发挥自身的资源与经验优势，与学校充分协调，组织开展教师培训。学校应该在合理安排教学课程的前提下，给予教师足够的校外生产实践机会，鼓励一线教师走出校园，参与到相关企业的工作实践当中。

第六章　基于产教融合的高校跨境电商教学与学生管理

第一节　创新教学理念与路径

一、创新教学理念

（一）重视创新思维的培养

1. 创新思维概述

创新思维即创造性思维，是于常规性思维相对而言的，创新思维的内涵也是在与常规性思维的比较之中得到的。常规性思维指的是利用已有的知识与经验去思考和解决问题，创新思维则不同，其不被已有的知识与经验所约束，人们可以根据客观实践条件，灵活运用自己所掌握的知识，创造性地思考和解决问题。

创造性思维与常规性思维的区别主要表现在两个方面。首先，从思维过程来看，常规性思维重视普遍有现成的经验、规律或方法可以遵循，而创造性思维则普遍不是按照既有的经验与规律展开的。其次，从思维结果来看，常规性思维的思维成果一般是已经存在的理论或实践成果，只有思维成果是前所未有的，才是创造性思维。

创新思维是综合运用多种思维方式于思维过程的一种思维活动。这些思维方式包括直觉、灵感、类比、想象、联想、形象思维、逻辑思维和模糊思维，等等。而且，许多非理性因素和心理过程也参与到创新思维的活动中。

2. 创新思维的特征

创新思维具有鲜明的特征，这是由其本质和内涵造就的，创新思维主要由以下几点特征，具体内容如图 6-1 所示。

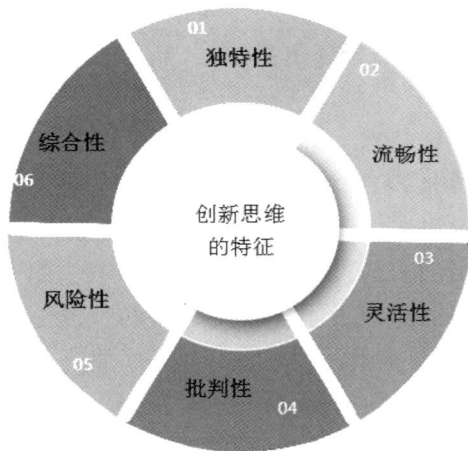

图 6-1　创新思维的特征

（1）独特性

思维的独特性，又称思维的独创性、新颖性或求异性，是指在思路的探索上、思维的方式和方法上和思维的结论上独具卓识，能提出新的创见，做出新的发现，实现新的突破，具有开拓性和独特性。创新思维所要解决的问题，一般是没有现成的答案，不能用常规、传统的思维方法加以解决。它要求创新主体以独立思考，大胆怀疑，不盲从，不迷信权威为前提，能超出固定的、习惯的认知方式，重新组织，以前所未有的新角度、新观点去认识事物，提出不为一般人所有的，超乎寻常的新观念。

（2）流畅性

所谓流畅性，又称非单一性或综合性，是思维对外界刺激所作出的一种反应，通常用思维的量来衡量。要求思维活动畅通无阻、灵敏迅速，能在短时间内表达较多的概念。一般来说，表达的概念越多，说明思维的流畅性越好。

（3）灵活性

所谓思维的灵活性，又称变通性，是指思路开阔，不局限于某种固定的思维模式、程序和方法，善于根据时间、地点、条件等变化，迅速从一种思路跳到另一种思路，从一种境界进入另一种境界，从多角度、多方位地探索问题、解决问题。它是一种开创性的、灵活多变的思维活动，并伴随有"想象""直觉""灵感"等非规范性的思维活动，能做到因人、因时、因事而异。常规性思维一般是按照一定的固有思路方法进行的思维活动，他们的思维缺乏灵活性。

（4）批判性

敢于用科学的怀疑精神，对待自己和他人的原有知识，包括权威的论断。思维的批判性体现在敢于冲破习惯思维的束缚，敢于打破常规，敢于另辟蹊径、独立思考。运用丰富的知识和经验，充分展开想象的翅膀，这样才能迸射出创造的火花，发现前所未有的东西。法国作家莫泊桑说："应时时刻刻躲避那走熟了的路，去另找一条新的路。"

（5）风险性

创新思维的核心是创新突破，而不是过去的重复再现。它往往没有成功的经验可借鉴，没有有效的方法可套用。因此，创造性思维的结果不能保证每次都成功，有时可能毫无成效，有时甚至还可能得出错误的结论。这就是它所谓的风险性。

（6）综合性

综合性并不是简单的拼凑与堆积，而是将众多的优点集中起来进行协调、兼容和创造。

创新思维的综合性和概括性是指善于选取前人智慧宝库中的精华，通过巧妙结合，形成新的成果，能把大量的概念、事实和观察材料综合在一起，加以抽象总结，形成科学的结论和体系；能对占有的材料进行深入分析，把握其中的个性特点，然后从这些特点中概括出事物的规律。

3.创新思维培养的重要性

新时代，创新是引领发展的第一动力，是建设现代化经济体系的战略支撑。当今世界正处于百年未有之大变局，随着科技的迅猛发展，全球化进程的加速，创新能力越来越成为一个国家的核心竞争力，自主创新水平的高低，直接影响着国家未来的发展。高校是人才培养的重要场所，高等教育关系着国家未来的发展，在人才培养过程中重视大学生创新思维的培养，无论是对于国家的发展，还是对于学生个人，都具有十分重要的意义。

当前我国的经济发展已经步入一个新的发展阶段，旧的发展模式已经不适应新时代的发展需求，这就要求我们抓住机遇推进经济结构调整与转型升级，以顺应当前经济发展的新形势与新需求，在这一过程中，创新是核心，而创新的主体则是高素质创新型人才。创新本身不是一门专业课程，但同时又是新时代高素质人才所必备的素质，因此，培养大学生的创新思维，首先需要打破大学生的思维障碍，各种类型的思维障碍都在不同程度上制约着大学生创新思维的发展，倘若不能将其破除，就将会成为大学生创新思维培养路径上的巨大阻碍。其次，培养大学生的创新思维，还需要针对不同类型的创新思维展开具体的培养和训练，帮助大学生提升思维的灵活性与开放性。

（二）理论与实践相结合的人才培养方式

当代高等教育越来越重视对大学生实践能力的培养和提升，特别是对于应用型人才培养来说更是如此。在我国传统的高等教育中，重视对于研究型人才的培养，在实践教学中重理论轻实践的现象广泛存在，而就业市场则更加重视学生的实践能力，这就造成了人才培养内容与人才的市场需求不符的现象产生。随着社会的发展和教育理念的革新，国家愈发重视应用型人才的培养，跨境电商作为具有较强实践性的专业，其人才培养更需注重理论与实践相结合。

跨境电商专业具有较强的实践性，而高校跨境电商人才培养则是一个理论与实践相结合的复杂过程，因此在实际的教育过程中，高校不能沿用传统的研究型人才培养方式，不能一味重视理论教学，忽视学生实践能力的培养和提升，在高校跨境电商人才培养中，教学活动不能脱离实践，纸上谈兵，必须坚持理论与实践相结合，在人才培养的过程中贯彻实践性原则，切实提升学生的跨境电商实操能力，将理论学习贯穿在实践活动中，将实践活动结合在理论学习中，使二者有机地结合在一起，来提升跨境电商人才培养的质量。

（三）多主体协同育人的理念

在产教融合的背景下，跨境电商人才培养的主体不再局限于高校，在国家号召不断深化产教融合的形势下，大量的企业纷纷参与到人才培养之中，成为人才培养的重要主体之一。

多主体协同育人是产教融合在高校育人过程中的实际应用，产教融合理念是一种先进的人才培养理念，产教融合注重将学生的理论知识学习与实践技能培养相结合，使学生能够在实践训练的过程中深化对于理论知识的理解。产教融合注重校企协同育人的作用，使学生能够在学习的过程中亲身体验实际工作环境与实际工作内容，不再是简单地在课堂上学习他人的间接经验，而是置身于具体的生产活动之中，获取关于跨境电商的直接经验。这种人才培养模式有利于深化学生对于知识的掌握，提升自身的实践技能。产教融合背景下的人才培养，学校与企业共同培养人才，签订相关合作协议，大量的学生走出校门后直接进入企业开展工作，有利于促进学生的就业。这种在产教融合指导下的多主体协同育人理念是现代高等教育理念的重大创新，非常适合跨境电商人才培养。

多主体协同育人对于社会整体的发展同样具有重要的促进作用。产教融合背景下，校企协同育人的主体是企业，目的通过培养高素质应用型人才，促进产业的发展，进而促进区域社会建设与经济发展。同时，多主体充分发挥自身的教育资源优势，共同进行人才培养，共享人才培养的成果。

二、创新教学路径

（一）创新教学思路

任何教学活动的改革都需要以科学的教育理念与教学思路为指导，教学思路创新是创新教学路径的首要任务。创新高校跨境电商教学路径，就是要转变传统的以高校为主体、以理论知识传授为主要内容的教学思路，从死记硬背知识转变为培养学生对于具体知识的理解，从重视理论教学转变为理论与实践并重，明确学生在教学过程中的主体地位，围绕学生自身的特点以及学生未来的发展设计人才培养方案，使学生真正成为教学活动的主体。

（二）改进教学模式

教学模式的合适与否，在很大程度上影响到人才培养的质量，教学模式是包括教学目标、教学过程、教学方法的总和。高校教学模式创新，应依据学校定位、专业设置、专业面向、区域经济及产业特点，修正教学目标，锚定培养规格目标，配置实现资源，完善和凝练专业教学模式，部分完善或全面突破创新，凝练学校办学特色优势。

改进教学模式，就需要高校突破传统的教与学模式，将全新的教学理念贯彻到人才培养实践之中，开展多样化教学创新与尝试。在课堂上，教育工作者应该充分利用现代化的教学手段，改进教学模式。在课堂之外，跨境电商人才培养应该充分贯彻产教融合理念，各人才培养主体充分发挥自身的教育资源优势，帮助学生更好地实现理论与实践相结合。

（三）创新教学过程

在教学的实施中，同样需要贯彻创新发展的理念，在跨境电商人才培养的过程中，既要注重学生专业素质的提升，同时还要注重对学生综合素质的培养。教育工作者应该不断更新自身的教育理念，优化自身的知识与技能结构，掌握更多的先进教学方法，以更好地在产教融合理念的指导下开展教学实践。

在实践教学中，教师应该对于教学的全过程进行监控，及时发现学生在学习过程中遇到的困难并予以解决。教师还应该关注学生的个性化发展，使学生在提升专业素质的同时不丧失自己的个性。在教学的过程中，教师还应该注重对于学生自主学习能力的培养和提升，使学生在脱离学校后仍能实现自我知识与能力结构的提升。

第二节　创新协同育人基地建设与教学方法

一、校企协同育人基地概述

校企协同育人基地是校企协同育人的优秀载体，是现代教学理念与应用型人才培养需求相结合的产物，同时，以校企协同育人基地为依托的人才培养方式也是高校教学方法的重大创新。可以说，校企协同育人基地既是一个教育平台，同时也是一种体现现代教育理念的教学方法。

（一）校企协同育人基地的概念

安排学生到企业进行社会实践是目前国内高校培养模式中必不可少的一个环节，这对学生实践能力的培养和职业角色的转变发挥着重要的作用，其实现方式主要通过校企合作模式的建立。

目前高校的校企合作采取企业支持学校的形式，包括校外教育基地的建立、校外实训、订单式教育等。虽然这些校企合作模式在培养符合地方经济和社会发展需要的人才起到一定的作用，但其所发挥的作用也具有一定的局限性。在实际调研中发现企业对是否愿意接收跨境电商专业的实习生态度不一，企业自身处于一方面急需能够直接上岗的高级应用型人才，另一方面又缺乏接受高校学生实习的积极性的矛盾中。

校企合作建立教育基地这种校企合作模式要求企业提供设施设备、培训师资等资源进行支持，学生通过校企协同育人基地，将理论应用于实践，提升自身的实践能力。

（二）校企协同育人基地建设的总目标

实践教育基地的建设是校企深入展开合作的重要途径，通过建立实践教育基地，可以深化教育教学改革，促进教学与科研的紧密结合，使得学校和企业紧密合作，并且还能促进大学生科研中学习，社会实践中学习，提高大学生实践能力、创新创业能力，解决实际问题能力，并且校外实习基地是充分利用公司生产经营的软硬件资源。同时，学院可以与企业联合开展项目开发和项目研究，集中教师，将理论研究成果应用到企业的实际发展过程中。

二、校企协同育人基地建设的内容和意义

（一）校企协同育人基地建设的内容

校企协同育人基地作为一种新型跨境电商人才培养模式，其内容涉及跨境电商人才培养的各个方面，从教学模式到课程体系，从人才培养到教师培训，从平台建设到产学研协同发展，都是校企协同育人基地建设的重要内容，校企协同育人基地建设的主要内容主要包括以下六个方面，具体内容如图 6-2 所示。

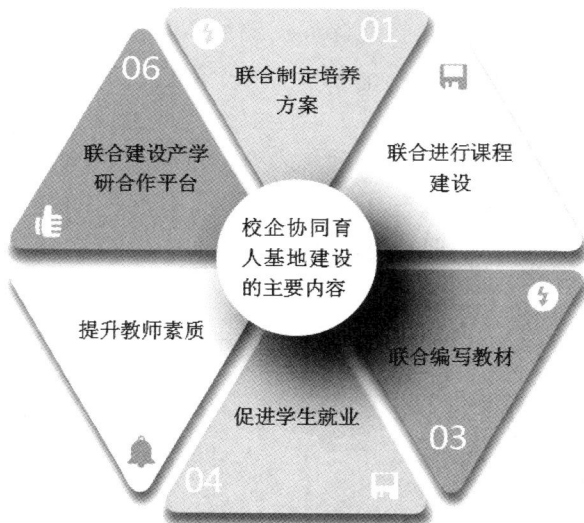

图 6-2　校企协同育人基地建设的主要内容

1.联合制定培养方案

培养方案是人才培养的纲要，对于人才培养的整个进程具有指导性作用。校企协同育人基地需要学校和企业根据跨境电商市场的发展需求，以及学生个人发展需求，综合考量区域发展现状，教学和实训条件、师资力量与教学环境等因素，共同制定跨境电商人才培养方案。

2. 联合进行课程建设

（1）突出强调理解的综合实践教学理念

在跨境电商的综合实践教学当中，不应该将视角仅仅放在实践技能的训练当中，校企协同育人基地与校企实训合作的不同点之一，就是强调对于学会综合能力的培养，因此，在教学过程中，应该重视学生对于具体知识的理解。

在校企协同育人基地的跨境电商实践教学过程中，应该有效利用学校与企业的相关资源，并充分发挥教师的作用，灵活运用教学方法，在开展实践教学的时候重视加深学生对于知识的理解，帮助学生在综合实践的过程中更好地理解带着商务相关知识，掌握跨境电商的关键技能。

（2）开发高质量的综合实践课程资源

信息时代的到来为综合实践课程资源的积累提供了更大的便利。通过网络虚拟平台，教师的实践指导，学生小组讨论和实践成果共享都可以在网络环境中进行。这种虚拟的教学实践环境也成为一种高质量的实践课程资源，有利于引导学生在理解和合作的情感状态下开展综合实践活动。同时，本科质量课程设计有相应的专业实践教学内容和实践活动，这些资源仍然是综合实践课程资源建设的重要组成部分。

（3）构建综合课程体系

在综合实践课程的设计中，要注重应用型人才的培养，建立跟踪学科发展的前沿。一个满足社会，学术和实践需要的实用课程体系。在课程结构中，有必要建立以理论强化，技术应用为核心，创新实践为导向，专业化，多功能化的内容体系。在培养综合实践能力的过程中，有必要在网络环境下突出基于理解的创新能力培养，努力提高学生信息环境下的专业综合技能。

3. 联合编写教材

在校企合作教育基的建设中，跨境电商教材的编写需要学校与企业共同完成，企业处在跨境电商行业的一线，更加了解跨境电商行业的实际发展情况，将企业的生产实践和管理方式融入教材，为学生提供大量的实践案例，让学生更加直观地了解跨境电商相关理论知识，对于跨境电商的发展有一个清晰的认知。

4.促进学生就业

校企协同育人基地的建设可以为学生的就业提供帮助。校企协同育人基地重视对于学生跨境电商实践能力的培养和实操技巧的训练，使学生能够在学习阶段掌握实践技能。同时，企业还可以为学生提供岗位实训机会，使学生能够参与到跨境电商的实际工作当中，切身体会跨境电商的实际工作内容与工作环境，能够在毕业后顺利地从课堂走向工作岗位，实现学校与企业之间的良好衔接，企业还可以为学生提供工作机会，使学生能够在学习阶段结束后直接进入企业开展工作。

5.提升教师素质

师资队伍是学校保障教学质量的核心要素，是提升人才培养水平的基础，因此，教师的培训也是校企合作的重要环节。校企协同育人基地不仅仅是对学生进行培养，同时也可以对教师进行培训，完善教师的实践知识，提升教师的教学能力。实践教育基地的建设为提升教师的综合素质提供了良好的环境，学校可以组织教师进入企业进行培训，提升实践能力，更新知识结构，将最新的跨境电商发展内容带入课堂，促进跨境电商的教学。

6.联合建设产学研合作平台

学生在学校课堂上学习到的只是他人在实践中总结出的间接经验，与在实际工作中形成的直接经验存在一定的区别，仅依靠学校进行跨境电商人才培养容易造成理论与实践相分离，教学、实践、科研相分离，因此，需要学校与企业共同搭建产学研合作教育平台。

校企协同育人基地的建设能够促进产学研合作平台的发展，为人才培养搭建适合的教育平台，使生产、教学、科研有机结合在一起，拓宽了跨境电商教师的视野，提升了教师的教学能力与科研水平，同时帮助企业获得更多技术与人才支持，提升了市场竞争力。

（二）校企协同育人基地建设的意义

校企协同育人基地的建设是校企合作的新模式，是全面提升应用型人才培养水平的有效路径，跨境电商作为实践性较强的专业领域，需要学生具备较强的跨境电商实践技能，因此更应该重视校企协同育人基地的建设，校企协同育人基地建设的意义主要有以下几点，具体内容如图6-3所示。

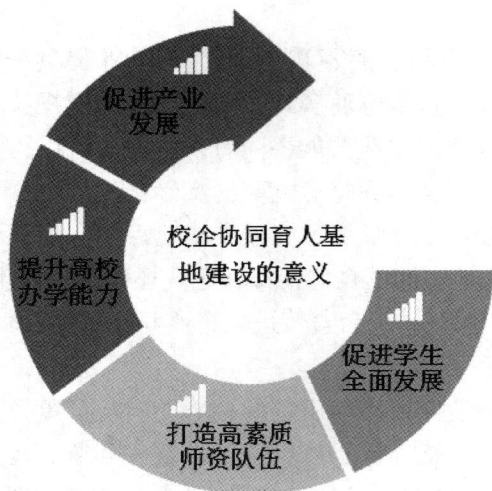

图 6-3　校企协同育人基地建设的意义

1. 促进跨境电商产业发展，助力区域经济建设

跨境电商产业的发展离不开高素质人才，人才是产业发展的源泉和保障，跨境电商作为时代发展的产物，符合时代发展的趋势，发展势头十分强劲。但我国跨境电商的发展靠仍然面临着一些挑战，人才缺口就是其中之一。由于跨境电商发展历程较短，人才培养体系发展不健全，因此跨境电商市场缺乏高素质的技能型人才，需要不断完善人才培养体系，为跨境电商产业地发展源源不断地提供高素质人才。

2. 提升跨境电商专业建设水平，提升高校办学能力

通过校内校外相结合，促进校企深度合作，提升实践教学水平，促进教学、科研与服务相结合，提升实现人才培养质量。同时，产教融合模式下校企协同育人基地的建设还能创新高校跨境电商人才培养模式，促进高校跨境电商专业的建设水平。

学校办学水平的高低取决于专业建设水平与人才培养质量，校企协同育人基地的建设丰富了跨境电商人才培养的模式，是跨境电商人才培养的新选择，可以有效提升学校的跨境电商的专业建设，同时，校企协同育人基地可以提供大量的教学资源，对于学生综合素质的培养以及就业均大有裨益，可以说，校企协同育人基地的建设既有力推动了跨境电商产业的发展，又提升了学校的办学能力。

3. 提升教师教学能力，打造高素质师资队伍

校企协同育人基地丰富的教育学资源与实践机会，不仅对于跨境电商专业学生的培养具有显著的作用，同时可以帮助提升跨境电商教师的教学能力和综合素养。

在产教融合的背景下，"双师型"教师的重要性日益凸显，学校仅靠引进校外优秀师资力量与高水平人才来提升师资力量的方式，只能作为构建优秀师资队伍的路径之一，打造高素质的师资队伍，必须从全面提升师资队伍的整体素质入手，对教师进行系统的培训，促进教师专业发展。

"双师型"教师的培养离不开实践的训练，校企合作教育平台正是为教师提供了这样一个实践训练的机会和平台，学校与企业共同组织教师进行培训，使教师在真实的工作环境中提升自身的实践技能，完善自身的知识体系，对于跨境电商有新的理解，对于跨境电商德新业态、新发展有新的认识，提升自身的教学能力，促进教师专业发展。

4. 增强学生实践能力，促进学生全面发展

产教融合作为一种符合时代发展需求的人才培养方式，根本目的就是促进学生的发展，为社会的发展提供人才保障，因此，校企协同育人基地建设的核心是人才的培养。

校企协同育人基地为学生提供了一个综合发展的平台，在这个平台中，理论与实践紧密结合、学习与训练紧密结合、实务与科研紧密结合，这种培养模式培育出的人才，具有完整的知识体系，较强的创新能力与实践能力，以及较高的综合素质，符合产教融合的人才培养理念，符合新时代我国跨境电商产业发展的需求。

三、校企协同育人基地建设面临的挑战

随着产教融合的理念越来越深入人心，校企协同育人基地的建设已经在我国的许多地区展开，学校和企业通过共建校企协同育人基地的方式，在人才培养方面展开更加深入的合作。

但是，目前我国校企协同育人基地的建设尚处于探索的阶段，发展不够成熟，还存在巨大的可提升空间。我国校企协同育人基地建设所面临的挑战主要集中在基地的理念、内容、结构以及建设的过程中，具体内容包括以下几个方面。

（一）校企合作不够深入

校企协同育人基地的建设和发展，需要学校与企业之间进行全面且深入地合作，双方充分发掘自身的教育资源优势，通过校企协同育人基地，整合教育资源，集中对学生进行知识与技能的教学与培训。

1. 产教融合理念贯彻不足

在产教融合背景下，虽然我国教育部门与高校均大力提倡校企合作、工学结合、校企协同育人基地建设等教学模式和理念，但是，落实情况却不尽如人意。

一些企业对协同育人基地的概念没有充分的理解，在校企协同育人基地建设的过程中，并没有表现出积极的态度。有部分企业存在短视的现象，将校企合作基地仅仅当作为本企业补充人力资源的途径之一，并没有重视对于学生的培养，而是将学生简单看作廉价劳动力，而不是将学生素质的提升、企业未来的发展、高等教育的发展三者有机结合起来，造成校企协同育人基地的建设浮于表面。

部分院校也没有将产教融合的理念充分贯彻到校企协同育人基地的建设之中，将校企协同育人基地仅仅作为实践教学场所，作为课堂教学的补充，将校企合作仅仅当作是学生实践学习的途径之一，而不是以整体的视角审视校企合作的整个流程和校企协同育人基地建设的宏观意义。

2. 校企双方价值取向与运行机制存在差异

校企双方的价值取向和运行机制存在差异，这导致了校企合作的过程必然要面对诸多困难，这就需要企业与学校共同寻找利益的契合点，以贯彻产教融合理念为指导，充分发挥自身的资源优势，促进人才、教育以及企业的共同发展，通过校企协同育人基地这种新的合作教育模式，深化校企合作，实现共赢。

（二）校企协同育人基地建设存在结构性问题

部分校企协同育人基地的建设还存在结构性问题，主要表现为缺乏科学的计划及系统的运行机制。

校企协同育人基地是高校与企业在产教融合理念下探索校企合作模式的新成果，是一个承载着高素质职业人才培养任务的系统的工程，本身应该具有科学的结构设计以及系统的运行机制，但就目前校企协同育人基地的建设情况来看，这两方面仍然存在着较大的提升空间。

部分校企协同育人基地不具备明确的目标指向，也缺乏科学的人才培养计划。高校往往满足于通过校企协同育人基地来进行实践教学、校外实训以及安排实习，通过校企协同育人基地来完善自身的课程规划，而不是充分发挥校企协同育人基地的人才培养作用。因此，容易造成学校只重视对于学生理论与实践能力的提升，而忽视对于学生处理实际问题能力的培养，难以实现职业人才培养的目标。

协同育人基地建设运行机制也不够完善。如人才培养的动力机制、人才培养过程监控机制、人才培养与教育教学评价机制等，这些校企合作的内部运行机制都有待完善。同时，校企协同育人基地还缺乏推动基地持续发展的机制。

从国家层面来看，校企协同育人基地的建设需要国家提供政策支持与制度保障，国家应该将校企协同育人基地的建设与教育的整体发展目标相结合，从发展高等教育的角度出发，制定相应的政策，推动校企协同育人基地的建设和发展，制定和完善相应的法律法规，为校企合作基地的建设与运行提供制度保障。政府也应该对校企协同育人基地给予一定的资金支持，助力人才培养，达到建设高校教育实践基地的目标。

但从校企协同育人基地目前的建设情况来看，相关的支持政策与保障制度仍然有待完善。企业承担了校企协同育人基地建设的大部分支出，投入了大量的资金和精力。企业的目的是为自身的发展补充大量高素质应用型人才，但是校企协同育人基地本身具有高等教育的性质，目的是促进学生的发展，为社会发展输送人才，而不是专门为固定企业提供人才储备。因此，校企协同育人基地的成果往往不能会很好符合企业的预期，而企业在这一过程中又投入了大量的人力物力，付出与回报不成正比，容易打击企业联合高校展开人本培养的积极性。

校企协同育人基地的人才培养机制还存在一定的不稳定性。例如，高校愿意通过校企协同育人基地为企业输送人才，但由于高校人事变动、政策改动或者学生个体意愿的变化，造成人才输送偏离原定目标，不能为企业提供预期的人才，这种现象在目前的学校企合作中很常见，因此，校企协同育人基地具有不稳定性和不持续性。

要想解决校企合作稳定性与持续性不足的问题，就需要从国家层面和制度层面寻找解决办法，优化校企协同育人基地的内部运行机制，推升校企协同育人基地人才产出和输送的稳定性和可持续性。

（三）传统教育观念与现代教育理念的冲突

在人才培养我的过程中，教育理念发挥着至关重要的作用，教育理念直接影响着人才培养标准的确定、课程体系的制定、教学模式的选择以及教学活动的展开。因此，人才培养的成功与否，与教育理念是否符合教育发展方向关系重大。

传统的教育观念与教学模式由于经历过时间的沉淀，因此具有一定的稳定性，在人才培养的过程中具有较高的容错率，因此，部分教育工作者的教学思想受喜欢同教育观念的影响严重，仍然青睐于在教学过程中使用传统的教学模式，而难以接受一部分现代教育理念。一些教育工作者对职业人才培养中校企合作教育方式的认识不够深入，甚至认为校企合作基地不符合人才培养的要求，不是科学的教学模式。还有一部分教育工作者把协同育人基地建设看成是一种硬性任务与教学负担，并没有去深入了解校企协同育人基地的内涵与运行机制，而是固守已见，从传统教学观念的角度去看待校企合作教育的建设，认为其背离了科学的高等教育模式。

以上这些观点都是根深蒂固的传统教学观念在作祟，时代的不断发展对于教育也不断提出新的要求，教学理念与教学模式应该随着时代的发展而不断更新，特别是跨境电商，作为时代发展的产物，其人才培养更应体现时代性与先进性，不断创新人才培养方式，使培养出的人才符合跨境电商市场的发展趋势，能够适应跨境电商企业对于人才的需求，而这，是传统教学模式所无法实现的。

（四）高校管理存在不足

1.高校管理生态有待优化

校企协同育人基地的建设需要学校与企业双方具备良好的管理生态，这样，才能是校企双方能够充分发挥自身的优势，深入进行合作。

当前部分高校在管理方面尚存一定的不足，需要根据时代的发展和教学模式的改变继续完善管理结构，优化管理生态。比如，在教师考核系统中，主要的考核指标仍然是学生成绩、教学工作量和科研成果，这些指标作为教师评价的标准，在很大程度上制约了教师主观能动性的发挥，不利于新的教学理念与人才培养实践的融合。

在校企合作基地建设的过程中，教师和学校瞻前顾后，一边需要根据新的教学模式组织教学活动，一边还要顾及考核结果、职称评定以及薪资待遇等诸多问题，使教师不能全身心投入到协同育人基地建设的探索研究中，也影响教师参与协同育人基地建设的积极性和自主性。

高校应该根据教学实践优化自身的管理模式，将校企协同育人基地的建设纳入管理与评价体系，使上层建筑符合实践基础，使管理模式对于校企协同育人基地的建设起到正向的推动作用。

2.高校管理理念需要更新

高校管理生态的优化首先需要更新高校的管理理念，管理理念对于管理实践具有指导作用，而管理实践将直接影响到高校的人才培养，因此，符合时代发展需求的管理理念对于高校人才培养具有积极的推动作用。

具体到跨境电商人才培养之中，高校应该根据创新管理理念，将新的人才培养方案、新的评价激励制度、新的培养辅助体系纳入高校管理理念，使其更加适应新时代跨境电商发展对于人才培养的要求，能够为跨境电商人才培养营造良好的教育环境。

（五）尚未形成资源共享、交叉融合的基地体系

站在社会发展的角度审视校企协同育人基地的建设，其任务不仅仅是促进某一高校和企业的发展，还需要发挥其社会效应，带动地区教育发展，促进地区企业发展，为社会经济发展提供高素质人才，这就要求校企协同育人基地的建设不能是孤立的、片面的，应该共享相关教育资源，协同发展，全面发展。

目前，在我国的校企协同育人基地的建设，尚未形成资源共享、交叉融合的发展体系，我国的校企协同育人基地呈现出以下特点。

1.资源共享不足

校企协同育人基地所覆盖的地区内所有的高校共享程度不够，各高

校之间缺乏有效的合作与沟通，高校孤立地与企业进行合作。当前，校企合作的形式更多是校企一对一，即一所高校与一家企业进行合作，双方共同建设一个教育基地，鲜有高校与企业一对多的合作模式。这种合作方式下建设的校企协同育人基地，本身具有一定的局限性，而且难以形成规模效应，对于人才培养的促进作用比较有限。且这种类型的校企协同育人基地的建设比较分散，缺少共享，缺少开放，不符合新时代的发展理念。

2. 面向基地教育实践的学科专业单一

目前校企协同育人基地的建设还存在学科单一的问题，部分校企协同育人基地缺乏交叉融合的学科教育体系。在目前我国建成的校企协同育人基地中，综合性基地仍属少数，从总体来上来看，多数校企协同育人基地仍存在面对学科比较单一的问题。

校企协同育人基地作为产教融合的新成果，是人才培养的重要途径，其自身应该具备完整的人才培养系统与课程体系，学科专业单一的校企协同育人基地更多发挥的是教学的作用，而非人才培养的作用，这种教育模式不利于学生的综合发展，也不符合产业发展的需要。

四、校企协同育人基地建设模式的创新实践

（一）探寻校企利益的契合点

校企协同育人基地建设的重要前提之一就是校企之间的共同利益，学校与企业之间的利益结合点就是促进校企合作的重要纽带。校企之间的利益结合点包括许多领域，人才培养就是其中重要的内容之一。

校企协同育人基地的建设，必须探寻校企双方人才培养的契合点，这样才能使学校与企业在人才培养方面达成共识。校企协同育人基地是一条实现学校与企业共赢的路径，因此在校企合作的过程中，双方应秉持互利共赢的原则。

成功的人才培养实践，既有利于学校积累人才培养经验，提升学校的教学水平和办学能力，还可以为企业提供高素质应用型人才，提升企业的市场竞争力，为企业的发展提供人才保障。与此同时，成功的人才培养机制还能深化校企之间的合作，有利于校企协同育人基地的持续发展。

在校企合作之初，可以采用具体的项目进行合作，以看得见的实质性的成果提高双方合作的积极性，激发双方进行下一步合作的意愿。企业不断改革合作模式，提高企业与学校合作的积极性和责任感，使得企业与学校的合作能够深入融合并为以后的长远发展奠定基础。

（二）创新校企协同育人基地的组织管理方式

坚持企业与学校合作的平等互利，校企双方共同建立"双主体"的合作共管机制，对重大事件的决议由学校和企业的相关部门共同做出决策。要强化"沟通和谐"的理念。校企的沟通与反馈特别重要。在合作过程中，为确保培养质量，不走过场，要有专门的校外实践教学指导教师作为特派员，负责学生管理、协调与合作企业之间的关系。同时学校要注意与企业管理人员密切联系，特别是要与合作企业的领班、主管多沟通交流，掌握学生实习期间的相关信息与问题，及时处理，以确保证合作培养全过程的和谐。

要提升"企校联培"的合作教育理念。企业要想获得"动手能力强、符合自己企业需求的学生"，就必须与学校一起，实现基地方与校方的联合培养，使学生能够更充分地了解企业的运作规范、程序和岗位要求，从而在实习或就业时能够尽快进入工作状态，担当岗位角色。这样既可降低企业的培训成本与时间成本，又能大大提高学生的上岗信心与就业能力。

（三）优化校企协同育人基地的运行机制

国家创办大学生校内外教育实践基地的主要目的，就是培养创新型人才，培养更多更好的高素质人才，现在学校和企业共建教育基地，必须制定行之有效的人才培养的方案，明确实践的教育目标，细化实践的教育方案，落实实习的各项任务和培养标准，推动学校专业素质和企业需求的对接，不断地培养创新型人才，明确基地的功能。

协同育人基地确定后，就要在互惠互利、合作共赢的原则上，进一步明确实质性合作方案的框架内容。明晰联合培养专业人才的合作形式与合作计划，明确三方的角色定位、各阶段的目标任务及要求，特别是如何帮助学生有效提升在专业理论、实践操作、上岗顶岗以及发现问题、分析问题、解决问题等方面的综合能力。

运行机制的建立与完善是协同育人基地建设的根本保证。诸如以基地方为主体以校方为辅助的指导机制，通过考核、激励等手段形成的共同培养学生的动力机制，以基地方为主导的三方配合的人才培养质量监控机制，合作三方的联系沟通及共赢约束机制等，都需在实践系统运行过程中不断深化完善。

（四）实现校企优质教育资源的合作共享

学校与企业在合作的过程中，均向对方实现了最大程度的资源开放，在不断研发新的教学资源和改善教学资源的同时，努力提高资源的利用率，为持续合作创造条件和实现的可能。学校利用企业可用于提供给学生实习的生产设施和培训设备，安排学生去企业实训。此外，学校与企业共同组织和开展企业与学校实行对接的会议，安排实习生进入企业实习。充分利用企业的资源，尽最大可能满足学生的实践需要。

校企共同投资建设和改造企业的实验室和培训室，这样既有利于学校安排学生和教师来企业进行培训，又有利于学校为企业的员工进行教育培训，达到了企业与学校之间的高效合作，双方的合作相互融合，互利共赢。学校利用企业的资源为教师提供培训的机会，加强教师的实践能力，同时也为学生提供实习机会，培养应用型人才，企业利用学校的师资力量，对员工进行理论知识培训和操作方法培训，有利于提高企业员工的整体素质，这样的合作方式使企业和学校的优势资源得到了充分的利用，双方实现了合作共享，巩固了双方的合作关系。

（五）探索校企协同育人的长效机制

制定长效的合作机制是实现校企合作长久发展，可持续合作的基础，需要国家和学校、企业三方面共同去推进、努力。

从国家方面，要继续进行资金的投入，保证项目运行所需要的资金动力，出台具体行之有效的政策，企业和学校开展工作提供政策上面的优惠和支持，进一步提高企业和学校的积极性，建立明确的责任制度和监督制度，建立国家层面的基地合作办公室和定期查找问题，总结经验，同时努力推荐基地共享，扩大学校基地的共享。

从学校层面来说，要推动落实建立各项利于企业和学校合作机制，进一步制度化、系统化，建立第三方协议，明确学校和企业的责任和义务。

从企业层面来说，要明确企业在校企合作中扮演的角色，规范企业制度，尤其是学生在企业进行实习开展计划和要求，建立制度保证学生的合法权益，建立各项劳动合同，完善各种企业制度。

学校与企业之间要想长期合作，就要不断寻找学校与企业两者之间互利共赢的契合点。在项目培训和硬件建设等过程中，校企合作都应坚持一定的合作原则，创新合作和组织机构模式，走出一条产学协同育人基地建设道路。

第三节　创新学生管理模式

一、产教融合背景下高校学生管理的特点

（一）管理主体多元化

产教融合的发展思路要求高校跨境电商人才培养的教育管理主体从一元化走向多元化。传统高等教育模式下，高校教育管理主体主要是院校，未能充分发挥企业在教育管理中的重要作用。而在产教融合背景下，需要充分调动各方的教育资源，发挥企业的人才培养主体作用。跨境电商基本注重应用型人才的培养，应用型人才培养的基本属性是实践性，即高校跨境电商人才培养要充分体现实践的特点。高校跨境电商人才培养应贴近并反映产业行业的教育需求，实行由行业企业主导的举办体制和以产业行政主管部门为核心的管理体制。因此，在跨境电商人才培养中，高校必须重视加强校企合作，充分发挥各人才培养主体的教育资源优势，推进校企协同育人，将工匠精神融入人才培养的全过程。在产教融合背景下，高校与企业需要遵循学生成长成才规律，共同设计学生管理目标、内容和评价机制，形成对接产业需要的教育管理方式。

（二）以人为本进行高校学生管理

产教融合的管理模式要求高等教育管理模式由制度管理转向人本管理。以亚伯拉罕·哈洛德·马斯洛（Abraham Harold Maslow）为代表的现代人本主义教育理念的提出，对教育观念、教育方式及教育目的产生了深刻而持久的影响。人本主义教育强调以人为本、重视个人的价值、尊重个人的需要，以及充分发挥人的潜能，为现代高校人才培养提供了重要指引。

在产教融合背景下，跨境电商的学生在学生与学徒的角色中灵活进行转换，因此，高校跨境电商教育管理的对象是学生或学徒。校企协同育人作为我国培养应用型人才的重要途径，需要坚持对学生实行人本管理，将每个学生当作具有独立情感和个性的个体来对待。因此，高校需要建立符合学生需求的管理服务机制。

（三）管理情境从单一化走向复杂化

产教融合的人才培养特点要求高校跨境电商人才培养的学生管理情境从单一化走向复杂化。传统的高校学生管理情景是相对单一的，学生的学习生活局限在校园内，高校是学生管理的唯一主体。

产教融合，"产"在前而"教"在后，也就是说，在产教融合的过程中，产业（企业）是人才培养的第一主体，是人才的需求者，更是人才的培育者。因此，在产教融合背景下，高校跨境电商人才培养是一种横跨教育界和经济界的教育，这决定了高校跨境电商人才培养情境的复杂化。

高校跨境电商人才培养不仅要遵循教育规律培养具有宽广技术知识的人才，更要立足生产、服务、管理一线，面向社会、经济需求培养高素质技术技能人才。随着新技术、新工艺的广泛应用，无论高喜爱的实训设备如何先进，也无法取代基于工作场所的学习。因此，跨境电商人才培养的学生管理情境不仅包括学习情境，也包括工作情境。只有营造与现实职业技能岗位相对应的职业情境，才能有效培养学生实践能力。

二、产教融合背景下高校学生管理的可提升空间

（一）校企管理理念需要协调

学校管理与企业管理虽然都是管理，但由于学校与企业是两个性质不同的组织，其管理理念自然存在较大差异。第一，管理对象存在差异。高校管理的对象是在校学习的学生，企业管理的对象则为在岗员工。第二，管理目标存在差异。高校关注的是学生的学习成绩、专业技能和综合素质，最终以学生的就业率作为衡量标准；企业关注的是员工通过不同的岗位工作能为企业带来的收益，最终以企业的成本、收益和利润作为衡量标准。第三，管理方式存在差异。学校作为教育机构，其管理方式是非市场化的；企业作为盈利机构，其管理方式是市场化的。第四，管理结果存在差异。学校管理的贡献主要体现在社会领域、教育领域，企业管理的贡献主要体现在经济领域。

因此，创新高校学生管理模式，需要企业与高校两大人才培养主体的理念保持一致，以利益契合点为纽带，校企形成一个深入融合的育人主体，在这一校企协同育人的过程中，双方的管理理念需要充分协调，这样才更有利于形成人才培养的合力。

（二）校企需要帮助学生适应身份的转变

产教融合背景下，大学生兼具双重身份，一是在校学习时的学生身份，二是在企业培训时的学徒身份。由于校企利益诉求的不一致，导致学生学徒身份的转变存在较大困难。

高校在学生培养上以个性化发展的"公益性"为目标，学生在企业实习的目的是提升技术技能水平，但由于学校在实训教学方面存在不足，造成学生实践能力的欠缺；而企业则以"功利性"为目标，往往不会将核心工作岗位安排给学生，导致企业实习流于形式。学校与企业之间的空间切换，在一定程度上增加了大学生教育管理的难度。因此，高校与企业需要采取多样化方式帮助大学生适应自身身份的转变。

（三）教育管理方式需要更加灵活

学生教育管理工作是高校的工作重心。为更好地适应社会发展需要，培养出更多优秀的技术技能人才，高校需要改革教育管理方式。产教融合背景下，校企协同育人成为人才培养的主要模式，需要将学生在学校的理论知识学习与在企业的实践技能提升有机结合起来。但这种培养模式主要存在以下问题：校方难以满足企业需求，寻找合作企业难；校方理论教学与企业实际需求不相符；学生成绩评定、纪律管理存在弊端。因此，高校教育管理方式不灵活会一定程度上导致人才培养质量不高。

企业与高校需要根据跨境电商人才培养实践及时调整境电商学生管理工作，不断优化跨境电商学生管理体系，及时发现管理过程中不适应实践的部分，并及时予以调整。

第七章 基于产教融合的校企协同育人创新与实践

第一节 产教融合背景下校企协同机制建设

一、产教融合背景下校企协同概述

（一）校企协同的含义

作为产教融合人才培养理念重要实施路径的校企协同育人模式，其概念的界定相对比较清晰，即校企协同是深层次的校企合作。世界合作教育协会于 2001 年明确阐释了校企合作的概念，认为校企合作是指在教学过程中，帮助学生将课堂上所学的知识与实际的工作实践充分结合在一起，通过校企充分合作，使学生在学校习得的相关理论知识运用到实际工作当中，同时，将在工作中遇到的问题和挑战带回学校，促进学校教学的发展。世界合作教育协会对于校企合作内涵的阐释表述得十分详细，校企协同即是建立在此基础上的深层次的校企合作，学生通过校企协同育人往返于学校与企业之间，进行知识与实践的整合。

随着国家对于产教融合的重视程度不断提升，以及越来越多的学校以产教融合理念为指导，通过校企协同的方式进行专业人才的培养，我国学界关于校企协同的研究也不断增多。有学者认为："校企协同教育指的是以为社会培养合格的劳动者为目标，以提升高校教育的质量与劳动者的综合素质为指向，开展院校与相关企业之间的合作，将学生的理论知识与实践中的工作技能相结合，并最终推动社会经济的发展。"这个定义对于校企协同内涵的描述更加清晰、明确，并进一步丰富了校企协同的内涵，明确了校企协同的目标①。

综合学界对于校企协同内涵的研究，研究者主要从校企协同的性质出发，剖析校企协同的本质与运行机制，观点主要有以下几种。

1. 模式说

很多学者在校企协同内涵研究中支持模式说的观点，所谓模式说，即将校企协同的本质定义为一种人才培养模式，认为校企协同是一种充分利用学校与企业的教育资源，将课堂知识教学与实践技能训练相结合的人才培养模式。

该理论认为，既然校企协同的本质是一种人才培养模式，那么就应该强调人才专业发展的重要性，重视校企协同的教育作用与具体合作形式的构建，其主要内容应该紧紧围绕人才培养这一核心目标展开。校企协同需要学校与企业之间展开全方位多领域的合作，包括资源合作、技术合作、科研合作、信息合作，等等。

在人才培养的过程中，要充分开发与运用学校与企业各自的资源优势，在学校中，使学生能够学习到丰富的专业理论基础知识，而在企业中，使学生能够将课堂上所学的理论知识应用到实践之中，通过实践训练提升自身的实操水平，深化对于理论知识与实际工作的认知，将书本中的间接经验与实践中的直接经验充分结合，完善自身的专业素养。

校企协同在培养和提升人才专业素质的同时，对于学校与企业的发展也具有巨大的促进作用。首先，对于学校来说，可以通过校企协同提升办学水平。首先，校企协同能够帮助学校丰富人才培养的方式，优化人才培养模式，提升人才培养的质量。其次，学校还可以通过校企协同与企业联合进行教师培训，提升教师队伍的质量。对于企业来说，可以通过校企协同与案源不断地获取高素质人才，为企业进一步的发展提供

---

① 李德方.省域职业教育校企合作研究 基于江苏实践的考察 [M].苏州：苏州大学出版社，2019.

人才保障。

综上所述，模式说将校企协同看作是一种人才培养模式，同时也是一种学校、企业和个人的联合发展模式，通过校企充分合作展开人才培养，最终实现学校、学生与企业的共赢。

2. 机制说

机制说认为认为校企协同的本质是一种以社会和市场发展需求为导向的运行机制，强调校企协同过程的运行方式以及其中各要素（学校、企业、学生、社会）之间的结构关系。

机制说认为校企协同是以提升学生的综合能力为重点，以培养符合市场与企业需求的应用性人才为目标，充分利用学校与企业的资源，采取课堂教学与工作培训相结合的教学方式，培养能够适应不同岗位的高素质应用型人才的教育模式。其中，企业是校企协同人才培养的主体，学校是人才培养的主导，作为培养对象的学生以及学校与企业的教育资源则是连接学校与企业的纽带。机制说通过剖析校企协同中各要素之间的关系及其运行方式来阐释校企协同的内涵。

在校企协同的概念界定上，机制说与模式说具有很多的相似点，但是两种理论对于校企协同本质的观点则存在较大的差异。与模式说将校企协同作为一种人才培养模式的看法不同，机制说认为校企协同是一种联通教育活动与生产活动的运行机制，强调对于校企协同的内容、目标、模式等进行明确地定义。机制说认为校企协同基本内涵是产学合作，开展路径是工学结合，目标是提升学生的综合素质，为社会和企业的发展提供人才保障。

3. 中间组织说

中间组织说选择从功能的视角审视校企协同，将校企协同看成是沟通学校与企业的桥梁，是连接课堂教学与生产实践的纽带，是帮助学生从校园走向社会的重要路径。中间组织说认为校企协同的本质是一个介于学校与企业之间的组织。

中间组织说强调校企协同的纽带作用，与在机制说不同的是，机制说强调校企协同自身在育人方面的功能性，而中间组织说则强调校企协同在整个育人体系结构中的作用[①]。

---

① 　伍俊晖，刘芬.校企合作办学治理与创新研究 [M].长春：吉林大学出版社，2020.

综上所述，我们对校企协同的含义可以有一个相对全面且清晰的认识，校企协同指的是学校和企业以培养新时代发展所需的人才为目标，充分利用学校与企业的教育资源与教育环境，将课堂知识教学与生产实践训练相结合，展开深入地合作，培养高素质技能型人才，进而推动社会经济发展的人才培养模式。

（二）校企协同的特征

与传统的人才培养方式不同，校企协同重视课堂教学与实践训练相结合的重要性，在实现人才培养目标的过程中，促使学校与企业深入融合，形成一个人才培养系统，通过充分发挥系统中各要素的功能，推动系统整体的发展，因此，相比于传统教育方式，校企协同自身具有显著的特点，具体内容如图 7-1 所示。

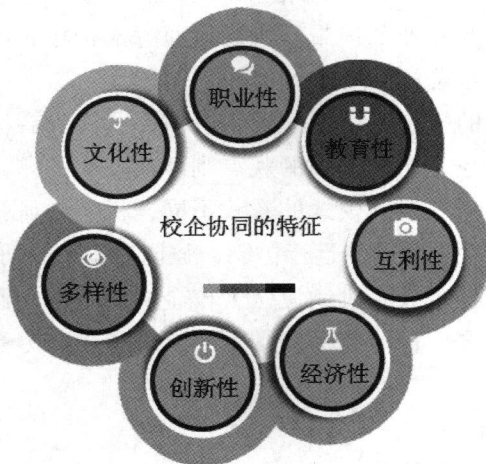

图 7-1　校企协同的特征

1. 职业性

校企协同在职业人才培养中最为常见，相对于重视理论知识教学与科研的研究型人才培养来说，重视实践技能训练的职业人才培养更加适配校企协同的人才培养模式。职业教育本身就是以培养符合社会和企业发展需求的实用型人才为目标的，职业教育的人才培养模式包括产学结合、工学结合以及产学研结合，具有较强的实践性与针对性，校企协同能够帮助学生将具体的理论运用到具体岗位的实践中，深化学生对于理论知识的理解。

校企协同人才培养的主要形式是课堂教学与生产活动相结合，主要目标是培养高素质专业型人才，因此，校企协同既强调实操技能的训练，也重视专业理论知识的教学。使学生在具体的生产实践中更好地将理论与实践相结合，将所学知识切实运用到实际的工作情境中去，逐渐提升学生的职业素养和专业能力，帮助学生平稳完成从校园到社会的过渡。

校企协同人才培养模式的人才培养目标、人才培养过程以及人才培养的成果均具有十分明确的岗位针对性，这种人才培养的方式一方面能够帮助学生实现专业化发展，另一方面可以使培养出的人才与行业的需求精准匹配，促进行业的发展，由此可以看出，校企协同具有鲜明的职业性。

2. 教育性

通过前面我们对于校企协同含义的总结与分析可以看出，人们对于校企协同的本质有不同看法，但是在对校企协同进行定义时，均将其看作是一种人才培养的模式。校企协同的人才培养功能是其所有功能中最为显著，也是最为重要的功能，也可以说，校企协同人才培养模式是一种实践性较强的教育模式，因此，教育性是其本质特性之一。

校企协同的首要目标是培养高素质的技能型人才，因此，双方在合作过程中应该将人才培养放在工作的首位，只有提升人才培育的质量，培养出具有较强综合素质的专业型人才，才能实现校企协同系统的整体发展，使校企协同的成果惠及校企协同中的各组成要素。

校企协同要求政府、学校、企业等人才培养主体遵循产教融合的理念，以实际岗位的需求为导向，强化育人意识，明确人才培养目标，优化理论与实践课程设置，优化教育模式，创新教学方法，多主体共同参与人才的培养。校企协同中人才培养的一系列举措体现了其教育性的本质。

3. 互利性

政府、学校、企业与学生个人的利益存在一定的差异，政府与学校均重视社会效益，政府重视区域的全方位发展，学校重视为社会提供高素质人才，并实现自身办学水平的提升。企业重视经济效益，经济效益是企业赖以生存的基础，只有不断优化生产结构，提升经济效益，企业才能在激烈的市场竞争中占据一席之地。学生则重视自身的发展，通过学习知识与技能更好地实现自我价值。利益是事物发展的重要驱动力，校企协同是政府、学校、企业与学生等多种要素共同组成的人才培养系统，该系统的良好运行离不开系统各组成要素之间利益的协调。

校企协同中的"合作"二字，既体现了校企协同模式需要学校与企业双方共同参与的特性，又体现了该模式符合学校与企业共同利益的特点，合作关系形成的关键是利益的协调，因此，在校企协同的过程中，要找到政府、学校、企业与学生个人的利益结合点，并根据各方的共同利益组织开展人才培养。

在校企协同组织运行的过程中，政府、学校、学生与企业之间的目标与利益是具有密切联系的，校企协同的各参与方若没有共同利益，那么这种合作很难长期维持，因此，可以说，互利性是校企协同得以实现的重要前提和基础。

4. 经济性

经济发展那是社会发展内涵中最主要的组成部分之一，经济基础决定上层建筑，经济发展水平的高低对于区域基础设施、文化、教育、环境等领域的建设和发展具有重要的影响。高校人才培养的重要目的之一就是想促进区域整体的发展，且在校企协同中，企业是人才培养的主体，人才培养模式具有鲜明的职业性，因此，校企协同人才培养对于各主体实现经济效益具有重要的促进作用。

可以说，无论是政府、学校、企业还是学生个人，都能够通过校企协同获得一定的经济利益。校企协同的目的是为社会主义市场经济发展提供高素质人才，促进区域经济发展是校企协同的重要价值指向，这是政府与学校实施人才培养的重要目标。对于企业来说，校企协同的人才培养模式能够为企业源源不断地提供高素质人才，为企业的生产活动的优化升级和进一步发展提供人才保证，提升创造价值的能力，扩大经济效益。因此，经济需求是企业参与校企协同的重要动力。对于学生个人来说，校企协同的人才培养模式能够全面提升学生的专业素质，促进学生的就业，为学生未来的发展打下良好的基础，学生价值的实现伴随着经济收入的提升。校企协同是围绕学生展开的，可以说，学生是校企协同最大的受益者。

在校企协同中，经济利益是政府、学校、企业与学生个人的共同利益，是校企协同系统中各个组成要素的重要利益契合点之一，而良好的校企协同则可以实现各方的经济利益诉求，因此，无论从目的、组织形式还是成果上来看，经济性都是校企协同的重要特性之一。

5. 创新性

创新是当今时代最为重要的发展理念之一，是国家发展的重要驱动力。创新可以赋予各类组织运行机制以强大的生命力，同样，创新也是组织运行发展的关键因素。创新性是校企协同显著的特性，这一点从校企协同的组织形式、人才培养的理念以及自身的发展中可以鲜明地体现出来。

首先，从校企协同的组织形式来看，校企协同模式本身就是以创新为理念在实践中探索职业教育发展进路的成果，现代校企协同模式的发展历程并不长，人们将教育实践与产业发展实践充分结合进行探索，最终探索出校企协同的人才培养模式。

校企协同的人才培养模式与传统的教育模式之间存在很大的不同，在传统的教育模式中，理论教学与实践教学相对分离，重视研究型人才培养的教学模式强调理论教学的重要性，忽视实践教学。而重视技能型人才培养的教学模式则强调具体实操技能的训练，对于理论基础知识的教学的重视不足。现代社会的发展对于高素质专业型人才的需求越来越多，许多类似跨境电子商务的新兴产业，存在巨大的人才缺口，传统的人才培养模式并不能符合行业发展的需求，因此，校企协同人才培养模式逐渐受到人们的重视。

校企协同将企业作为人才培养的主体，这在传统的高校教育模式中是十分罕见的。学校与企业之间的充分融合也与传统的以学校作为单一人才培养主体的教育模式存在巨大的不同。学生的学习场所在课堂与实际工作岗位中灵活切换，也与传统教育模式中以课堂作为知识传授主要场所的教学形式存在较大差异。因此，我们可以看到，校企协同的创新性首先就表现在其组织形式的创新上。

其次，校企协同的创新性还体现在其教育理念与教育内容的创新上，不伴随着人才培养组织形式的创新，教育的内容也随之焕然一新，学生不再是坐在课堂中机械地学习和记诵理论知识，而是在理论知识学习与实践技能训练结合的过程中，将理论知识充分运用于实践之中，再通过实践深化对理论知识的认识，并将实践中发现的问题带回课堂之中进行讨论与研究，将课堂上所学的间接经验与实践中所获得的直接经验充分融合，实现自身知识体系与能力体系的提升。

创新也是校企协同重要的教育内容，创新是时代发展的重要驱动力，是新时代人才所必须具备的素质。校企协同作为新兴的人才培养模式，其对于学生创新意识与创新能力培养的重视程度不言而喻。学生通过校企协同的人才培养模式，能够学习专业前沿的理论知识与实践技能，实现自身创新素质的提升。

最后，校企协同模式的进一步发展同样也需要创新发展的理念为支撑。没有任何一种模式适用于任何时代和任何区域，照搬发展模式是行不通的。市场经济的发展变化与区域发展的差异性，使得高校与企业需要根据事件发展情况以及区域发展特点来制定最适合自身的校企协同模式，以求真务实的态度与改革创新的精神寻求校企协同的最佳途径。

6.多样性

校企协同具有多样性的特征，校企协同的多样性体现在合作内容的方方面面。学校与企业之间的合作模式不是一成不变的，校企协同若想达到预期的人才培养目标，需要学校与企业之间深入开展全方位的合作，从合作的内容，到合作的方式，再到组织机制的运行和人才培养的内容，都需要呈现出多样化的特点。

校企协同的多样性是实现多方共赢的重要保障，是校企协同获得持续发展的重要前提。校企协同的多样性能够使学校与企业之间展开多领域、全方位的合作。当然，在这一过程中，学校与企业要始终遵循培养高素质人才这一基本目标。

在校企协同在中，学校与企业合作的内容与形式多种多样，在形式上，学校与企业的合作模式有订单式人才培养模式、工学交替式人才培养模式以及"2+1"人才培养模式，等等。从合作的层次来看，学校与企业还可以根据人才培养的需要展开深层次合作或中、浅层次的合作。从合作主体来看，既可以是学校与企业之间的全面合作，也可以是学校部分专业与企业相关生产部门之间的合作。

在合作内容上，校企协同也呈现出多样性的特点。校企协同首先要求学校与企业在人才培养上展开合作，在这一前提下，学校与企业还可以充分共享信息资源，为人才培养的内容与方向提供参考。校企双方可以联合组织教师培训，为人才培养提供良好的师资保障；学校与企业还可以充分发挥自身的资源优势，在科研领域展开合作，促进行业的优化升级与学校科研水平的提升。

校企协同的多样性是创新校企协同模式的重要途径，校企协同模式并不是一成不变的，无论是合作内容，还是组织形式，都需要不断地进行更新和优化。当今时代，知识与信息的更新速度非常之快，校企协同作为一种人才培养方式看，其重要的任务就是为未来社会的发展提供高素质人才，而高素质人才必须符合时代发展的需要，这就要求校企协同必须不断地根据实践的变化丰富教学内容，优化人才培养模式。因此，保持校企协同的多样性，是创新校企协同模式，实现校企协同可持续发展的重要途径。

校企协同的多样性同时也是校企之间展开成熟合作的重要标志，只有全面、深入的合作才能呈现出多样性的特点。因此，多样性既是校企协同过程中所展现出来的特性，同时也是衡量校企协同发展水平的重要标志。

7. 文化性

校企协同既是一种基于共同发展目标的教育、科研合作，也是一种基于共同利益的经济合作，同时还是一种基于共同价值观的文化合作。

文化性是当今时代企业发展的显著特征，许多企业目前已经形成了各具特色的企业文化，企业文化包括发展理念、企业制度、管理形式、工作态度以及工作氛围等。企业文化是企业软实力提升的重要保障，是企业发展壮大的重要根基，是企业凝聚人心的重要手段。因此，企业若想实现长足的发展，就必须加强文化建设。

校园作为育人场所，其文化建设自然十分重要。校园文化对于学生的心理和行为产生具有重要的影响，良好的校园文化可以促进学生身心的健康发展，使学生沐浴在美的氛围中，充分调动学生的积极性和主动性，提升学习效率，有利于学生良好学习习惯的养成。相反，不健康的校园文化最会对学生的成长和发展产生不利的影响。学生的身心健康是其正常学习、生活、交往、发展的前提和基础，校园文化会直接影响学生心理健康的发展。同时，校园文化还彰显着学校的办学理念与治学态度，是一个学校鲜活的名片，同时还能起到凝心聚力、鼓舞斗志的作用。因此，校园文化的建设应该得到充分的重视。

校企协同的文化性主要体现在两个方面，分别是育人过程的文化性，以及学校与企业的文化合作。

从人才培养的角度来看，高素质技能型人才不能仅仅接受学校文化的洗礼，还需要一定企业文化的熏陶，学生在参与校企协同的过程中，既学习到了理论知识，又掌握了实践技能，同时接受了企业文化的熏陶，有利于学生形成积极认真的工作态度，还帮助学生更加深入地接触和了解社会，更加顺利地实现从校园到企业的过渡。

从文化合作与交融的角度看，在校企协同的过程中，企业文化与学校文化进行充分地交流，可以互相渗透和融合的过程中不断丰富企业文化与学校文化，企业应该充分认识到知识经济时代的特征以及教育对于社会发展的巨大推动作用，将校园文化中崇尚知识、重视科研等理念引入企业文化，学校也应该将企业文化引入日常的教学管理活动之中，帮助学生提升对于工作实践的认识，使之成为教学环节的重要组成部分。学校与企业通过文化的深入合作，完善校园文化的职业氛围，提升企业文化的层次，在文化层面实现校企融合，能使学生更加顺利地从学校向企业过渡。

（三）校企协同模式

1. 根据人才培养方式划分

校企协同在人才培养模式上也存在多种形式，根据人才培养方式划分，我国的校企协同模式可以划分为订单式培养、工学交替式培养以及"2+1"培养模式三种主要的人才培养模式。

（1）订单式培养模式

订单式人才培养模式指的是学校根据合作企业的人才需求特点，为其定制以一套满足其用人需求的人才培养体系，企业与学校根据人才培养体系的具体要求联合进行人才培养，学生迈出校园后可以直接进入企业的特定岗位上开展工作。这种人才培养模式具有目标指向性强、人才培养效率高、学生就业稳定、教学内容实践性强等特点。

不同的企业在生产方式、管理方式、人才结构、发展战略、企业文化等方面都各有不同，因此，不同企业对于人才的需求也有所不同，企业根据自己的发展特点和用人需求，在与学校进行充分沟通的基础上签订委托培养协议，企业为学校提供资金、技术、实习场所等资源的支持，学校根据企业需求制订培养计划，规划课程门类。学生则是在系毕业后通过相关考核，直接进入企业进行工作，实现定向就业。

订单式人才培养方式在职业教育中最为常见，因为其可以实现招生与招工同步、毕业与就业联通、教学与生产融合，企业之所需即学校之所教，学生之所学即岗位之所用，这种培养方式具有很强的目的性与针对性，以企业的具体需求为教学活动的目标指向，学生就业率高，所学知识与技能实用性强，非常契合职业教育的特点。

订单式人才培养模式是一种校企之间较深层次的合作模式，学校与企业之间签订的一系列协议代表着双方形成了相对稳固的利益共同体，学校根据企业的需求制订人才培养计划，企业深入参与到人才的培养之中，为人才培养提供力所能力的支持。与此同时，也为学生的就业与专业化发展提供了保障，为区域经济发展提供强大助力。因此，订单式人才培养模式的良好运行，可以实现校企协同各参与方的共赢。

（2）工学交替式培养模式

工学交替也是一种较为常见的校企协同人才培养模式。顾名思义，"工学交替"就是一种半工半读，工作实践与知识教学交替进行的人才培养模式。具体来说，工学交替指的就是学生在入学以后，首先会在学校进行专业理论知识的学习，然后会被安排进入企业，在真实的生产环境中进行锻炼，如此交替往复与课堂与生产实践之中。

在传统的技能型人才培养模式中，普遍采取先理论，后实践的人才培养模式，即在学生入学后，先集中进行理论知识的教学，这一阶段可能会持续1~2年，在这一过程中，教学的主要任务是帮助学生搭建起理论知识的框架，而后集中进行实践训练。这种人才培养模式的普遍存在有其自身的合理性，即无论是理论知识教学，还是实践技能训练，都是一个完整的教学系统，学生能够通过较长时间的学习与训练，不断强化知识的记忆和技能的熟练度。但这种人才培养模式也有自身的缺点，即理论知识学习与实践技能训练两大模块相互割裂，学生在进行理论知识学习时，难以对生产实践活动产生直观的印象，而在进行实践技能训练时，部分学生已经对所学的理论知识记忆模糊。

工学交替的校企协同模式使学生在课堂学习与实践训练之间反复切换，可以帮助学生及时将理论知识运用于实践之中，深化对于知识的理解，还可以将实践中遇到的问题带回课堂，及时解决处理。在工学交替人才培养模式之中，理论教学与实践训练按照模块化教学的理念进行组合搭配，学生在学习完一个模块的理论知识后，可以及时进行该模块的实践技能训练，这种理论教学与实践训练交替往复的人才培养方式，可以帮助老师和学生及时发现问题，解决问题，按部就班地提升学生的知识水平与技能素养。

工学交替的培养模式被广泛运用于高等职业院校，在这种培养模式中，学生可以及时地将理论应用于实践，理论知识教学与实践训练几乎同时进行，真实感受职业环境，实现理论与实践的充分融合。学校则可以根据学生在工作实习中的反馈，及时发现教学过程中的不足之处，调整教学方式，有针对性地加强理论知识的传授，提升教学质量。企业则可以拥有充足的人才保障，在一定程度上缓解短期内人力资源缺乏的问题。

目前我国的工学交替模式具有多种运行机制，学校与企业会根据实际情况制订学生的培养计划。例如，有的是"1+1+1"三段式培养，即先让学生在学校学习一年的理论知识，然后再到企业进行为期一年的实习，最后再回到学校进行一年的知识学习。有的则是四段式，将学生一年的企业实习时间分为两个半年，与学校学习交替进行。有的模式，教学与实习交替更加频繁，一个季度一次，即三个月轮换一次。

（3）"2+1"人才培养模式

"2+1"人才培养模式广泛应用于职业教育之中，指的是在为期三年的职业教育过程中，学生有两年是在学校进行理论知识学习，一年在企业进行实习。"2+1"培养模式是现在职业院校使用最多的一种人才培养模式。"2+1"培养模式是相同对传统的技能型人才培养模式之一，在学生入学后，先进行系统的理论知识学习，待学生的理论知识框架基本建构完成后，再进行实践技能的训练。

在前文中，我们已经论述过这种"先理论，后实践"的人才培养方式的优缺点，当然，这种传统人才培养方式也并不是一成不变的，随着时代的发展，这种人才培养方式也在不断进行着调整。目前高校普遍采用的"2+1"人才培养模式就是这种传统人才培养方式不断调整优化的成果。在理论知识教学的同时，会进行一定的实践技能教学，以避免教学过程中理论与实践的割裂。

两年的理论知识学习可以更加系统、全面地提升学生的理论知识素养，帮助学生更好地树立正确的人生观和价值观，培养学生良好的工作和学习习惯，同时进行实践技能教学，促进学生综合素质的全面提升。一年的企业实习，则会对于学生的职业技能进行针对性的训练，通过让学生参与真实的生产活动，帮助学生提升实践能力，增强职业素质。

在"2+1"培养模式中，学生的理论知识学习与企业实习并不是交叉进行的，而是使学生先系统地进行理论知识的学习，保证学生具有扎实的基础理论知识，而后再到企业进行较长时间的实习，随后走入社会。理论知识学习与企业实习之间的过渡，则通过实践教学来完成，学生在学习理论知识的同时，进行实践训练，最后再参与到真实的生产活动之中。

目前高校普遍采用的"2+1"人才培养模式与传统"先理论，后实践"的技能型人才培养模式的最大不同点，就是"2+1"人才培养模式在理论教学时重视实践技能的教授，虽然这种实践不是长期、系统的技能训练，但是，可以使学生在理论知识学习的过程中明确实践的重要性，且对于自身所需要具备的技能素质有一个总体的了解。

2. 根据办学主体划分

随着时代的发展，学校的组织形式也逐渐多样化，特别是职业高校，组织形式更加灵活。校企协同作为技能型人才培养的重要途径，其本身是一个完整的人才培养系统，我们按照办学主体对其进行划分，可以划分为校办企业式、行业（企业）自主办学式及合作办学模式三种。

（1）校办企业式

校办企业式校企协同的办学主体是学校，学校根据自身的特点与优势，结合具体专业的发展目标，开设与专业密切相关的企业。

在校办企业式人才培养模式中，学校是人才培养的主体，具有很强的自主性。学校根据自身的发展方向确定人才培养的具体目标与内容，课程的设置与人才培养模式则是由学校根据自身教育实践与产业发展实际来自主制定。校办企业式人才培养模式最为显著的优点就是学校对于人才的培养不受外界因素过多地干涉，能够按照自己的计划按部就班地进行人才培养，而且，由于企业是学校自主开办，双方的在具体问题的协调上不会遇到太多的阻碍，校企融合的程度也相对较高。

校办企业式的校企协同，其成果是形成集教学、科研、生产为一体的综合教学实践基地，同时还兼具生产功能，可以自主创造价值，能够带来一定的经济效益，为学校更新硬件设备，改善教学环境提供经济保障。与此同时，由于企业是由学校开办的，因此其生产经营活动更契合学校的发展要求和专业设置，使得校企衔接更加顺利，有利于学校办学能力的不断提升。

学校主导、企业支持的形式的代表是"工读交替"职业教育培养模式和"合作教育"职业教育培养模式。"工读交替"人才培养模式需要周密的安排和认真地组织才能实现学校与企业之间的深度融合。交替的培养形式有利于学生在实践中更好地理解和运用理论知识，训练自身的实践技能，对于生产活动的整个环节有一个总体的认识。而"合作教育"则在很大程度上减轻了学校的经济负担，使学校可以充分利用企业的相关设备和资源开展教学活动，学校和企业的联合在很大程度上优化了教育资源的配置，使学生在学习理论知识的同时也能进行相应的专业技能实践。

（2）行业（企业）自主办学式

行业（企业）自主办学模式与校办企业模式相对应，指的是由政府推动，将原有学校划归行业管理，或者企业自主进行学校的建设。

由政府推动，将原有学校划归行业管理的情况多存在于中等院校中。在这种模式下，行业会对用人需求进行科学的分析和评估，院校根据行业用人的需求，制订教学计划，有针对性地开展职业教育，人才培养的主要任务是满足本行业的用人需求，促进行业发展。

企业自主进行学校建设的形式则进一步提升了企业在校企协同中的自主性，企业成为人才培养的主导者，企业会按照自身的生产实践与发展需求确定学校的办学理念、办学特色以及专业课程设置。企业自主办学的优势是能够使人才培养的目标更加明确，重视学生实践技能的培养与提升，同时，企业能够为学校提供强有力的资金与技术支持，不断优化升级学校的硬件设施，为人才培养提供充足的物质保障。

综上所述，在行业（企业）自主办学的校企协同模式中，企业对于学校和人才的培养过程具有绝对的掌控权。在这种人才培养模式中，企业根据自身需要创办学校，学校的人才培养方案与企业的发展基本保持一致，所教即所需，学校可以与企业形成良好的对接，学生在走出校门后也能更加快速地适应工作岗位。学校是企业的一部分，学生学习的过程与参加工作的过程融为一体，在很大程度上提升了人才培养的效率。

当然，企业自主办学式人才培养模式自身也存在一定的缺点，具体表现在以下两点。

第一，企业的生产规模与员工数量有限，而学校每年培养的人才数量则相对较多，对于许多中小型企业来说，其岗位需求与对人才的培训需求量都不足以支撑起一所学校，大量的学生难以在毕业后进入该企业进行工作，但由于企业办学的课程内容都是根据企业的需求确定的，学生所学理论知识与实践技能的目标指向性非常强，因此，很容易造成学生不适应其他企业、其他工作岗位的现象。

第二，企业的价值取向与学校有很大的不同，企业以盈利为目标，追逐的是经济效益，而学校以促进学生和社会的发展为目标，追求的是社会效益。两者价值取向的不通过造成两者人才培养目标的不同。"十年树木，百年树人"人才培养是一项投入人力、财力多，回报周期长的工程，部分企业追求短期的经济回报，强调学生实操技能的训练，忽视学生整体素质的提升，这样既不利于学生个人的发展，也不利于企业长期的发展。

（3）合作办学模式

校企协同办学模式主要有三种形式，分别是合作办企业、校企协同办学和校企至今建立合作关系。合作办学的模式若想实现人才培养的目标，需要校企双方充分协调，深入融合，找到利益契合点，并以此为纽带，展开全方位的合作。

合作办企业即在政府的支持下，学校与社会资本共同开办企业，这里我们所说的合作办企业是人才培养的一种形式，其首要目的是培养高素质人才。合作办企业的校企协同模式对于资金的需求量较大，对于技术的要求高，需要政府与社会资本的支持。这种校企协同形式的优点是企业能够为学校人才培养提供全面的支持，学校是人才培养的主导者，能够正确引领人才培养的方向，企业更多发挥的是一种辅助作用。

合作办学的另一种模式是校企合股办学。这种办学模式的目的是扩大学校的自主权，让学校可以根据实践发展充分发挥主观能动性，制订教学计划，选择教学内容，有针对性地开展教学活动，以推动职业教育的发展。

这种校企协同模式有三个显著的特点，第一，学校不再隶属于教育部门，而是独立办学，自主经营的实体。第二，学校与企业共同形成了一个集教育功能、培训功能和生产功能为一体的组织，校企协同不再局限于表面，而是深入组织内部，形成学校与企业的深入融合，是双方实现共同发展。第三，学校拥有自己的董事会，学校的组织运行方式与企业基本一致。

建立合作关系指的是学校与企业建立合作关系，校企双方充分发挥自身的资源优势，共同办学。在这种模式下，学校是人才和智力的提供者，为企业源源不断地输送人才，企业则会接收学生进行实习，并承担一定量的教学任务，及时向学校反馈实习情况，且优先聘用对应学校的毕业生。良好的校企协同办学中，学校发挥着主导作用，而企业则是人才培养的主体。

合作办学模式在我国的校企协同中应用较为广泛，相对于校办企业式与行业（企业）自主办学式校企协同模式来说，合作办学模式对于校企双方在资金、技术等方面的硬性要求较少，这种模式强调的是学校与企业的充分融合，是建立在学校与企业利益协调的基础上的。当然，这种校企协同办学的模式对于校企双方的协同性要求较高，在该模式中，学校与企业是相对独立的两个主体，在利益、文化、价值取向等方面存在一定的差异，若想达到良好的人才培养效果，就必须做好校企协同。

二、校企协同机制建设的意义

（一）有利于多主体共同发展

在产教融合的大背景下，校企协同机制不仅仅是一种合作育人机制，同时也是一种发展模式。政府、高校、企业等多主体围绕大学生培养展开合作，各主体充分发挥自身的教育资源优势，为学生提供良好的教育资源与教育环境。在校企协同机制当中，育人主体不再局限于学校，而是多主体协同育人，各个主体共担责任、共担风险的同时，也要共享人才培养的成果，这既是的各主体深入参与人才培养的目标，也是校企协同机制中各主体的利益契合点。

多年的实践证明，校企协同育人、产学研一体化的模式不仅是我国教育、科技、经济协调发展的需要，也是产学研各主体生存与发展的共同要求。它对于深化高校教育体制改革，探索理论与实践相结合的科研模式，加速科技成果的转化和产业化，培育具有市场竞争优势的高新技术企业集团，提高企业产品的科学技术含量，促进科技与经济的协调发展，提升国际竞争力和增强综合国力，都具有现实意义和深远影响。

（二）有利于提升育人质量

校企协同机制构建的初衷是促进应用型人才培养质量的提升，校企协同机制也可以被看作是一种具体的育人模式，一种符合市场需求的教学方法。高校要打破封闭的办学模式，走出去，请进来，使大学和社会、社区、产业相融合，从而走出一条教研一体的高等教学之路。以校企合作的方式推进高校教育改革，既有效解决了企业和社会所需人才的难题，又有利于提高高校办学质量。高校通过校企合作不仅能研究出科技成果，进一步提高自身的科学研究水平和教育质量，而且能通过科技成果转让和技术服务取得收益，开辟科研经费来源，改善办学条件，从而形成产学研各方互相促进的良性循环，最终实现开放式办学；还能够在产学研一体化校企合作过程中，对大学生进行科研精神、企业文化、人生价值和职业追求等教育，培养企业需要的踏实肯干、拼搏进取的创新型人才。

（三）有利于大学生全面发展

高校人才培养的根本目标就是促进学生的全面发展，跨境电商作为高等教育的一门独立专业，其人才培养机制同样需要符合这一根本的人才培养目标。

校企合作协同育人对于大学生的专业理论知识与工作实践相结合，

以及科研精神、工匠精神、奉献精神的培育有重要意义。不同于传统的研究型人才培养模式，校企协同育人机制能够将理论与实践充分结合，在保证学生能够扎实掌握理论基础知识的同时，为学生提供足够的实践机会，使学生能够亲临生产一线展开实践学习，锻炼自己的实操技能。在实践教学中，学生可以将课堂所学的理论知识运用到实践之中，深化对于知识的理解，同时在实践中总结经验，以求更好地指导实践。

校企协同育人机制还有利于培养学生的多项素质，比如团队合作能力、沟通交流能力、管理决策能力、创新创业能力、市场分析能力，等等。这些能力都是大学生迈入社会后，磨练成为高素质人才所必须掌握的能力，因此，校企合作协同育人有利于大学生的全面发展。

三、校企协同机制构建的策略

（一）校企共同制定完善人才培养方案

校企协同机制的主要内容就是校企共同进行人才培养，因此，构建相对科学的校企协同机制，需要校企共同制订完善人才培养方案。

通过校企共同制订完善的人才培养方案，加强学生科技创新能力培养的同时，强化企业文化育人功能。政府在校企合作协同育人方面要发挥主导作用，协调高校和企业共同制定完善的人才培养方案，激励企业参与高校人才培养，鼓励社会各界参与高校人才培养。在产学研合作项目上，要改变高校利用企业调查资源，争取项目经费，促进成果转化的现状；要让学生在企业实习期间真正学到核心技术。

高校和企业在培养方案中要注重科研在教学中的育人功能，让教学、科研、人才和知识之间形成良性循环。高校要主动邀请企业或公司相关部门人员共同制定或审定人才培养方案，要进行课程内容的重组、教材编写和教学方法及教学手段的变革，增加实践教学学分比例，强化学生实践动手能力、创新能力和创业能力。

高校应该从企业聘请行业企业技术专家、能工巧匠，进一步优化教师队伍结构，安排专业教师赴企事业单位参加生产服务一线岗位挂职锻炼，选送专业教师深入实验室、基地、厂矿开展科学研究、校企帮扶、产学研合作进行实践技能培训，加强理论教学和实践教学的结合。

（二）加强政府扶持，激发校企协同育人的内生动力

利益协同是校企合作系统中各主体需要首先处理的问题。学校与企业之间的利益有所不同，企业以追逐经济效益为价值取向，这是由其本质导致的，因此，企业在现实发展中更加强调经济利益与现实价值，学校则更加看重长远利益和社会利益，因为学校承担着为国家培养人才的重任，经济利益并不是其主要追逐目标，所以在管理过程中，学校会舍弃一部分经济利益，以换取更大的社会利益和综合效益。因此，若想实现学校与企业之间在人才培养领域的充分融合，就必须寻找双方的利益契合点，实现利益协同，只有以共同的利益为基础，才能使校企双方深入开展合作。

在产教融合的背景下，企业作为重要的育人主体，需要充分调动自身的教育资源优势进行人撩培养，但是作为企业，如果在校企合作中寻求不到实实在在的利益，企业主动参与人才培养的积极性就会打折扣。企业参与校企合作的动力不强，参与的范围不广泛，合作内容、合作层次都会受到很大限制。

要促进校企合作协同育人的高质量、可持续发展，不仅需要校企之间建立良性互动的关系，高校要真正想企业之所想，解决企业发展的需求，赢得企业的信任和大力支持，还需要政府的推动和帮助，地方政府要从服务经济、服务教育的高度确保企业和高校愿意合作培养高端技能型人才。政府要制定相关政策，明确学校和企业的权利与义务，并采取减免税收或资金支持等方式鼓励企业为学生提供实训与就业岗位，激发其加强校企合作协同育人的内生动力。

（三）兼收并蓄，借鉴先进经验优化协同育人机制

随着多年的探索与发展，我国跨境电商产教融合人才培养取得了显著的成效，大量高素质人才从校园迈入社会，从课堂步入工作岗位，众多的高校与企业深度合作，为我国跨境电商产业的发展提供了大量的高素质应用型人才，这些人才普遍具有扎实的专业知识体系与高水平的实践能力，为跨境电商产业的进一步发展奠定了人才与技术基础。与此同时，大量校企协同育人的成功实践也为更多高校与企业共同进行跨境电

商人才培养提供了先进的经验，高校的可以借鉴其他高校的产教融合经验，结合区域发展实际以及自身的特点展开跨境电商人才培养实践。

国外校企合作的发展历程相对较长，借鉴国外校企合作的成功经验，少走弯路，进一步优化我国当前校企合作育人模式和育人方案，在高校课程调整、课程考核和企业实践实训方面根据我国实践做出调整，进一步重视学生的实践实训，对提高我国科技人才的培育质量具有重要作用。

第二节　构建产教融合背景下的校企共同体

一、校企共同体的含义

（一）校企共同体的内涵

校企共同体是一个相对较新的概念，是深层次校企合作的建设成果。校企共同体指的是高校与企业之以合作共赢为基础，充分合作，深入融合形成的创新型实体，是一种新型的校企合作组织形式。校企共同体要求学校与企业深入融合，形成人才培养的利益共同体，在人才培养的过程中，充分开发和利用双方的教育资源，将理论知识教学与实践技能训练充分结合在一起，形成符合产业发展需求与教育发展方向的人才培养模式。

校企共同体是一种相对成熟的人才培养系统，在这个系统中，政府、学校与企业之间充分协调，共同规划发展的方向，共同参与人才的培养，其中，企业与学校共同组成人才培养的主体，共同制定人才培养方案，政府则参与人才培养方向的规划，组织调控系统的运行，并给予政策支持。

校企共同体是校企协同育人的成功实践，是在校企合作的过程中不断深化产教融合的优秀成果，其不仅仅是一种多主体密切合作的育人形式，而是一个完整的系统，系统中的各要素利益一致、目标一致、步调一致，可以说，校企共同体是学校和企业在长期合作中形成的利益共同体、命运共同体和育人共同体。

（二）校企共同体的特征

校企共同体作为深层次校企合作的一种具体形式，是校企双方充分协调、融合的成果，具有其自身鲜明的特点，主要内容如图 7-2 所示。

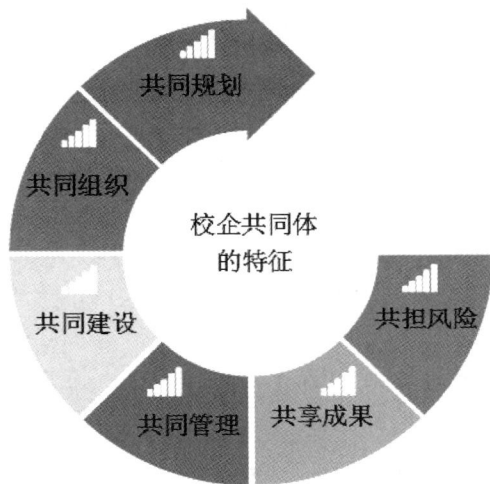

图 7-2　校企共同体的特征

1. 共同规划

共同规划指的是校企双方对于校企共同体组织运行模式和未来发展方向的统一规划，包括组织发展目标、人才培养目标、人才培养模式、组织运行模式等方面。

作为校企共同体的两大育人主体，学校与企业的共同目标是通过建立科学的人才培养机制，培养高素质人才，为企业的发展提供人才保障，同时提升学校的办学水平，进而促进社会经济的发展。人才的培养首先需要有一个明确的培养计划，计划的制订是人才培养开展的前提。这就需要校企双方树立共同的价值观，价值观是校企双方进行合作，达成愿景，实现蓝图所需要遵循的准则，是双方合作的基础。校企双方应该树立为社会主义市场经济发展培养高素质人才的价值观，拥有这样正确的价值观，双方才能正确制定发展目标，规划发展路径。

共同规划是校企共同体良好运行的基础，因为系统发展的规划体现着校企双方的共同诉求，反映着双方的价值追求，决定着系统的发展方向。只有在系统发展的总体方向上符合校企双方的利益，才能保证校企双方能够进行全面、深入地合作，因此，校企共同体发展规划需要校企双方充分协调、共同制订。

2. 共同组织

校企共同体不同于一般的校企合作组织，它是学校与企业双方根据共同的愿景和价值观，深入合作形成的利益一致的组织行为体。校企共同体并非松散的联合体，其内部成员之间具有十分密切的联系。校企共同体从建立，到内部组织机构的运行，再到成果的产出，每一个环节都离不开校企双方的共同组织，共同组织是实现校企共同体发展目标的有力保障。

在具体的组织结构上，校企共同体组织由组织委员会、专家委员会、学术委员会、理事会等机构组成，组织的成员包括校企双方的领导、专家、教师、员工等也可以邀请相关领域的专家参加。校企共同体组织负责协调、处理、解决其运行过程中的相关事项，维护组织成员之间的利益，保证校企共同体的正常运行。

在组织运行的过程中，学校与企业根据行业人才需求、学生发展需求与自身发展实践来组织校企共同体的运行。在人才培养上，需要企业与学校共同制订人才培养计划，共同组织教学活动的开展。在校企共同体的发展上，需要企业与学校充分挖掘自身的资源，形成优势互补。共同组织能够保证校企共同体的运行符合校企双方的发展思路，有利于进一步深化校企合作，提升校企协同的水平。

3. 共同建设

在共同规划、共同组织的基础上，校企共同体组织结构的完善及科学运行都需要学校与企业共同建设，共同推进。校企共同体是紧密联系、深入融合发展的校企合作组织，组织的建设需要学校与企业双方的共同努力。

在组织结构的完善上，校企双方需要共同打造"双师型"师资队伍，共同建立实训基地，共同建立相关实验与科研开发平台，共同建设良好的人文环境等。在校企共同体的运行上，校企双方需要共同对学生进行培养，共同开展教学实践活动，共同促进组织的良好运行。

在共同建设的过程中，学校与企业需要充分合作，学校应该充分发挥自身的教育资源和科研能力优势，而企业则应该提供技术支持与资金支持，并为学校的教学与科研提供实践案例支撑。校企双方深入合作，充分协调，实现"1+1 > 2"的建设成果，实现校企双方的共同发展。

4. 共同管理

共同管理是校企公共同体人才培养的过程当中，校企双方通过共同制订教学、实习、培训等人才培养环节的管理制度，共同研究和制定人才培养方案，共同确立教学计划、共同组织教学过程，共同进行教学质量评价，共同进行教学与生产活动的管理，由学校和企业对校企共同体进行协同管理，提升校企共同体的综合发展水平。

共同管理首先体现在对于校企共同体组织运行的管理上，校企共同体是一个完整的育人系统，系统的良好运行离不开科学的管理机制与管理制度。学校与企业应该根据发展需求与发展实践共同制定管理制度，保证校企共同体在科学的制度框架下规范运行。

其次，共同管理的特征还体现在校企协同育人的过程当中，人才的培养同样离不开科学的教育管理制度。校企协同育人无论在组织架构上、培养主体上、还是培养方式上，都与传统的教育模式具有很大的区别，理论与实践充分结合的教育方式，企业与学校共同组成的教育主体，以及随着时代发展不断创新的教学方法等，都对校企共同体的管理提出了更高的要求，学校与企业必须明确自身的责任和义务，充分协调，互相配合，共同制定科学的教学管理机制并严格落实，确保校企协同育人规范、科学地展开。

5. 共享成果

在校企共同体中，学校与企业之间的关系紧密非常，双方的利益是高度一致的，校企共同体的良好运行是校企双方深入合作，共同规划、共同组织、共同建设才最终实现的，校企双方缺一不可，因此，校企共同体的发展成果也应该是校企双方共享的，同时，为校企共同体建设提供发展指导与政策支持的政府，也能通过校企共同体建设获得巨大的社会效益与经济效益，在经济进步与教育提升的带动下，实现社会的整体发展。

在知识经济引领发展的时代背景和社会主义市场经济的大环境下，企业若想在激烈的市场竞争中立于不败之地，就需要优化生产结构，追求提升产品的科技含量，以更高的效率生产出更加符合市场需求和时代发展的产品，以不断拓展市场。

学校为了提高自身的办学质量，需要培养出符合市场经济发展需求的高素质人才，因此，在应用型人才的培养中，需要不断深化产教融合，通过以校企共同体为代表的校企协同育人新模式，提升人才培养的质量，为社会输送更多符合行业需求的高素质技能型人才。

学校是人才、智力、科研的提供方，企业则是人才、智力和科研成果的需求方，从供需关系出发，也从培养高质量人才、研究出高水平科技成果出发，校企双方都渴望着通过校企共同体这样的平台达到各自的目标，实现高质量人才和高质量科技成果的共享。

6. 共担风险

在校企共同体中，学校与企业之间是一荣俱荣，一损俱损的，学校与企业不但要共享发展成果，还需要共担风险。

任何组织与系统运行的过程之中，必然伴随着风险，风险的来源有很多，既有政策、社会环境、国际环境、社会舆论等外部因素，也有战略选择、方向判断、管理制度、运行机制等内部因素。不同的风险对于校企共同体的影响程度也有所不同，学校与企业应该提升风险防范意识，共同建立相关的风险防范机制，以妥善应对可能到来的各种类型的风险。当然，在风险防控方面，政府也发挥着不可替代的作用。

以创新为例，创新是当今时代经济发展的重要驱动力，但同时也隐含着一定的风险，创新之所以是社会发展的重要驱动力，是因为其具有前瞻性与先进性，但这种特性并不是每个创新主体都能准确把握的。大量的实践表明，创新的过程并不是一帆风顺的，而是经过一次次的失败和实践的反复检验而最终形成优秀的创新成果，因此，创新伴随着风险，进行创新就必须要做好承担风险的准备。

校企共同体作为时代发展的产物，其最终的形成的成果必然会涉及创新领域，而创新的整个过程会伴随着一定的风险。企业对高校的资金、设备的投入会给企业带来风险，校企双方的项目合作也会给双方带来风险，高校的技术研究与应用、企业的科技成果转化等都会带来一定风险。由于校企双方紧密的联系，这就使得校企双方需要在发展过程中协调一致，共同建立风险防控与应对机制，在风险未来之时，防患于未然，在风险来临之际，妥善应对，双方共担风险，共克艰难，最终实现创新发展。

二、校企共同体的参与主体

（一）政府

在校企共同体中，政府发挥着主导的作用，校企共同体的构建离不开政府的政策支持与帮助。校企共同体构建的目标是为行业与企业培养高素质人才，进而促进社会的发展，这一目标与政府发展教育的目的相吻合。政府参与校企合作的方式主要有两种。

首先，政府可以通过项目招投标、投资、宣讲等方式直接参与校企共同体的组织和建设，成为校企共同体的成员，深入参与校企共同体的运行。其次，政府可以不作为系统的一员参与到校企共同体的组织运行当中，对校企共同体的发展提供建议并进行指导，通过宏观调控的手段对校企共同体的建设与发展进行规划。同时，政府还要充分发挥风险防控和组织调控的作用，以保证校企合作系统的良好运行。

作为国家进行统治和社会管理的机关，政府代表人民利益，维护人民权益，且始终关注着民意。在社会管理领域，政府承担着引导和促进经济发展、支持科学和教育事业的发展、助推教育改革等重任，参与校企合作，为校企协同育人提供支持和保障是政府促进教育和区域发展的重要途径之一。

（二）学校

学校是校企共同体的核心，是人才培养的主体之一，承担着专业理论知识教学的重要任务，是校企共同体这一人才培养系统的关键实体。在校企共同体中，学校以其得天独厚的教育资源与科研条件，为企业提供人才与智力支持。企业的发展需要不断优化生产结构，创新生产模式，这就需要高素质的专业人才与先进的科研成果。学校凝聚着知识与智慧，具有强大的科研能力与丰富的人才资源，能够为企业提供其发展所需的智力支持，帮助企业提升市场竞争力，进而促进校企共同体的进一步发展。

（三）企业

在校企共同体中国，企业既是人才、智力和技术资源的需求者，同时也是人才培养的另一主体。在人才培养中，企业承担着实践技能训练的重要任务，负责为学生提供实践训练的场所，培养和提升学生的实践能力，与主要负责理论知识教学的学校形成互补，双方共同组成一套完整的知识与技能培养体系。

在校企共同体的组织运行过程当中，企业还应该深入参与到人才培养模式的制定过程中去，与学校共同开展教学改革、学科、专业和课程建设，使教学模式与课程体系突出人才培养的应用性和技能性。

企业不但能为学校提供学生的实习场所、工作岗位，还能为学校的发展提供资金和技术的支持。学校是非营利机构，但是在校企协同人才培养中，需要消耗大量的人力、物力、财力，这就需要企业充分发挥作用，为校企协同人才培养提供坚实地物质保障。

（四）学生

学生作为校企共同体培养的对象，是校企协同育人这一过程中最大的受益者。校企共同体是政府、学校与企业围绕人才培养这一核心所建立的系统，因此，学生在校企共同体中占据着十分重要的地位。

学生参与校企合作的方方面面，在学校中进行理论知识的学习，在企业中接受实践技能的训练。身为祖国未来的建设者，学生应该明确自己肩负的重要使命，勤奋学习，刻苦钻研，严格要求自己，牢固掌握相关专业的理论知识与实践技能。在校企共同体中，学生应该重视完善自身的知识与技能结构，成为生产的好手，为新时代社会主义经济建设贡献自己的力量。

三、校企共同体的作用

（一）促进学校与企业的人才对接

在校企共同体中，学校与企业深入融合，充分合作，不仅共同进行人才培养，学生在走出校园后，还可以直接进入企业的相应岗位开展工作，校企共同体可以帮助学生实现从培养到就业的顺利衔接。

学校是人才的培育方，企业是人才的需求方，人才培养与人才需求之间的对接效果是衡量教育质量的重要标准之一，这里的人才对接效果并不能简单理解成就业率，因为许多学生在毕业后所从事的行业并非与自身所学的专业一致，所学非所用的现象广泛存在于我国的高等教育之中。因此，人才培养与人才需求之间的良好对接，应该是保证学生掌握的知识与技能有用武之地，让专业的人才从事专业的工作，这样既能提升从业人员的专业性，促进行业的发展，同时也有利于人才在工作岗位上充分发挥自己的才能，实现自身更好的发展。

应用型人才的培养具有较强的专业针对性，重视学生实践技能和专业素养的培养和提升，相应的，学生的就业面也相对较窄，若未能从事专业相关行业，那么对于教育、行业、还是学生自己来说，都无疑是一种损失。以跨境电商人才培养为例，其课程设置是按照跨境电商行业的需求规划的，学生通过系统地知识学习与技能训练，能够胜任跨境电商相关的工作。倘若学校与企业之间的人才对接做得不够好，那么具有较高跨境电商专业素养的人才很可能就会流失到其他行业，此类现象若广泛存在，那么对于本就存在人才缺口的跨境电商行业来说无疑是一种巨大的损失。对于学生来说，其掌握的知识也难以在其他行业得到充分的发挥，不利于自身的发展。

在校企共同体的组织运行中，企业深入参与到人才培养的各个环节，从人才培养目标和方案的制定，到组织、实施教学计划和内容，再到为学生提供就业岗位，都是企业与学校共同完成的，企业既是人才的需求方，同时也是人才培养的主体。在校企共同体中，企业与学校共同研究高校人才培养与行业企业及其职业岗位（岗位群）的实际对接问题，由于企业对于学生具有深入的了解，且学生的培养方向符合企业的人才需求，因此，可以实现人才培养与人才需求之间良好衔接，既促进了企业的发展，还促进了学生积极有效就业。

（二）优化人才培养模式

校企共同体的本质是一种校企联合组织的人才培养模式，这种培养模式是在人才培养中不断深化产教融合理念的成果，是校企协同育人的最新探索成果之一，是符合教育发展规律与行业发展规律的人才培养模式。

校企共同体在人才培养模式上的优化主要体现在以下几个方面。

首先，在教育主体上，与传统的以学校为单一教育主体的人才培养模式不同，校企共同体的人才培养主体是学校与企业。这种双主体的培养方式具有诸多优点，其一，企业具有学校所不具备的教育资源，比如充足的实践场所，丰富的实践岗位，资深从业人员以及真实的生产场景，这些资源都是学校所不具备的。其二，企业能够为学校提供资金与技术支持，应用型人才的培养需要大量的硬件设施支持，在校企共同体中，企业可以为学校硬件设施的优化提供帮助，促进学校教育水平的提升。

其次，校企共同体优化了课程结构体系和人才培养模式。在课程的设置和培养目标的制定上，学校与企业全面分析产业发展实践与行业人才需求，并结合学校与企业自身的实际情况制定人才培养的方案。在人才培养的具体实施上，学校与企业充分能发挥自身的教育资源优势，理论知识教学与实践技能训练相结合，共同进行人才的培养，培养和提升学生的综合素质，使学生能够符合产业对于人才的需求，符合时代发展的需要。

最后，校企共同体有利于促进学生就业，为企业源源不断地提供发展所需的高素质人才。校企共同体以企业的生产需求为依据，使课程结构体系对应企业生产项目要素，使专业课程内容对应职业岗位能力要素，依据每个职业岗位能力要求确定学生的职业素养、工作能力、学习能力、团队协作能力、沟通交流能力以及创新能力，等等。校企双方以提高人才培养的针对性为目标，共同参与人才培养的整个过程，保证学校培养出的人才是企业所需要的人才，在促进学生就业的同时，为企业的进一步发展提供人才保障。

（三）提升学校办学水平

校企共同体是一个由多主体参与的人才培养系统，系统整体的发展依赖系统中各主体的密切协作，同样是，系统的发展成果也能惠及各参与主体。因此，校企共同体的发展不仅能促进学生和企业的发展，同时还能提高学校的教育质量，提升学校的办学水平。校企共同体对于学校办学水平的促进作用主要体现在以下三方面。

1. 提升人才培养质量

校企共同体能够提升人才培养的质量，使人才培养更具专业性与岗位针对性，提升学生的就业率。学校教育的目标是促进学生的全面发展，为社会主义建设提供高素质人才，校企共同体创新人才培养模式，将理论知识教学与实践技能训练充分结合，用先进的教育理念与方法提升人才培养的质量，使得学生知识与技能体系的不断完善，专业素养逐渐提升以及实现良好的就业，本身就是学校教育水平提升的体现。

2. 促进教师专业发展

校企共同体有利于提升教师的职业岗位能力，实现教师专业发展。教师专业发展是教师职业专业化的过程，从广义上来讲，它有两个层面的含义。其一是教师作为一门职业，其专业化程度不断提升，对于从业人员素质的要求更加严格。其二是作为从业者的教师群体不断丰富自身专业知识、提升自身教学能力和技巧的自我提高过程。

校企共同体是校企双方建立的密切合作的伙伴关系，企业不仅能为学生提供实践训练的场所，还能为教师提供培训，教师可以下企业经历工艺流程，联通企业的生产岗位，加深对于生产实践的了解，优化自身的知识结构，以更好地开展教学活动。这一过程就是教师不断实现专业发展，提升职业岗位能力的过程。教师是教学的主导，师资队伍的素质是学校办学水平的重要组成要素之一。通过校企共同体的建设，提升教师专业素质，实现教师专业发展，进而推进师资队伍质量的提升，是学校办学水平提升的重要体现。

3. 探索人才培养新模式

校企共同体的科学建设与良好运行本身就是学校办学水平提升的重要体现。校企共同体作为校企协同育人的成功探索，是一种创新性的育人实践，符合应用型人才培养的需求。但因为校企共同体的发展历程相对较短，且与区域发展实际、行业发展特点、学校办学条件以及政策环境等因素联系较为紧密，所以与其他人才培养模式相比，校企共同体建设可借鉴的经验相对较少。所以，成功的校企共同体办学实践，是学校与企业通过不懈地探索与实践形成的优秀成果，体现着学校办学水平的提升。

四、校企共同体的构建路径

（一）以利益共同体为前提构建校企共同体

利益是维系学校与企业长期合作的重要纽带，校企共同体与一般校企合作模式最大的不同点就在于，在校企共同体中，学校与企业之间合作的深度与利益的密切程度都要远超过一般校企合作模式。

在一般的校企合作中，学校与企业之间不乏深入合作，但其合作的本质仍然是两个独立个体为谋求各自利益而展开的合作，学校与企业在合作过程中各取所需。而校企共同体则需要学校与企业在展开深入合作的同时实现主体的融合，学校与企业共同组成一个新的组织运行实体，两者不再是完全独立的两个主体，而是同一主体中的两个组成部分，学校与企业的合作也不再是两个主体之间的互动，而是转化为同一主体的内部运行机制，校企共同推进组织的运行与发展，而组织整体的发展又可以带动学校与企业的进一步发展，是校企共同体产生强大的内驱力，进而形成良性的循环。

校企共同体的构建需要学校与企业之间的深入合作与充分融合，而这种互动模式形成的前提就是学校与企业之间要形成利益共同体。利益共同体是校企共同体构建的前提，通过校企共同体，企业希望获得高素质的应用型人才，同时借助学校的科研能力改善生产，提升自身的市场竞争力，获得更多的经济效益。学校则希望借助企业的资源与环境更好地开展实践教学，提升教学质量，提高办学水平。

总而言之，学校与企业是因为利益才结合在一起的，若想构建校企共同体，就必须找到学校与企业之间的利益结合点，而这还不够，还需要根据双方的利益结合点拓展双方合作的范围，深化双方合作的内容，创新双方合作的方式，是学校与企业能够更加紧密地联系在一起，形成利益共同体，这样，双方才能自发进行深入合作，实现共赢。

（二）以体制机制创新为核心构建校企共同体

现代职业教育的发展允许并鼓励多种体制机制的创新。而在构建"校企共同体"的时候，其体制机制决定了校企合作的核心组织架构，也决定了其合作的效果。

一个组织若想良好运行，核心就是其内部的体制机制。校企共同体是一个高素质应用型人才培养的运行机制，根据人才培养机制制订教学计划与课程安排，学生则根据学校的安排在组织内部进行理论知识学习与实践技能训练，最终磨练成为高素质的实用型人才。校企共同体就像是一台机器，若想实现平稳的运行，必须具备完善的内部结构，倘若其中相关体制不完善，或者有部分机制缺失，就会影响到共同体的运行。

因此，构建校企共同体，必须以体制机制建设为核心，结合学校与企业的实际情况，构建完善的人才培养体系与组织运行机制，明确组织架构，利用体制约束和制度保障来维护校企共同体的运行。

（三）以校企文化差异融合为抓手构建校企共同体

校企共同体的两大组成部分——学校和企业，虽然二者深度合作，高度融合，形成一种利益共同体，发展共同体，但学校与企业之间仍存在一定的区别，双方在具体的发展目标、发展意识、合作意识、管理意识和服务意识等方面均有不同。毕竟学校与企业在本质上是两种不同类型的社会组织，双方之间必然会存在一定的文化冲突与矛盾。

具体来看，企业以追逐经济效益为价值取向，这是由其本质导致的，因此，企业在现实发展中更加强调经济利益与现实价值，通常采取务实的管理策略，其经营活动都是围绕盈利而展开的。

学校则更加看重长远利益和社会利益，学校承担着为国家培养人才的重任，经济利益并不是其主要追逐目标，因此，在管理过程中，学校会舍弃一部分经济利益，以换取更大的是社会利益和综合效益。

综上，校企共同体的构建过程中，校企双方要要充分利用校企合作的平台、在相互尊重对方文化的基础上改革创新自己的文化，如企业应该充分认识到知识经济时代的特征以及教育对于社会发展的巨大推动作用，将校园文化中崇尚知识、重视科研等理念引入企业文化，学校也应该将企业文化引入日常的教学管理活动之中，帮助学生提升对于工作实践的认识，使之成为教学环节的重要组成部分。学校与企业在文化交流与融合的过程中逐渐淡化文化矛盾，共同进行校企共同体的建设。

第三节 产教融合背景下校企协同育人的成功实践

一、浙江越秀外国语学院跨境电商校企协同育人实践

（一）浙江越秀外国语学院校企合作现状

浙江越秀外国语学院（以下简称"越秀"）设有英语学院、东方语言学院、西方语言学院、国际商学院等11个二级学院，开设有50个本科专业，涵盖文学、工学、经济学、管理学、艺术学等5个学科门类，含英语、法语、德语、俄语、西班牙语、意大利语、葡萄牙语等16个外语语种，是目前浙江省开设外语语种最多，也是省内唯一开设印度尼西亚语和泰语专业的本科高校。学校立足外国语言文学和经济学、管理学学科专业优势，专门成立数字贸易学院和跨境电商创业学院，并与浙江盘石信息技术股份有限公司、阿里巴巴网络技术有限公司、宁波豪雅进出口集团、杭州创普特集团股份有限公司、杭州来赞宝集团、俄速通集智等10余家数字贸易技术企业，绍兴黄酒集团、宁波翔欣家居进出口有限公司、杭控科技股份有限公司等10余家生产企业签订校企协同育人合作协议。

2012年学校在工商管理专业中开设跨境电子商务专业方向，积极探索建设新文科，主动服务区域电子商务和数字经济产业发展。2015年设立电子商务专业，并以跨境电商为特色。结合跨境电商产业数字化转型发展，2017年开设跨境电商"3+1"实验班，2019年成立阿里巴巴数字贸易学院，2021年成立跨境电商创业学院，2022年开设跨境电商专业，并成立数字贸易学院。

（二）"越秀"跨境电商人才培养的校企合作路径创新

结合高校跨境电商人才培养的校企合作中存在的问题和国内外典型校企合作方式的成功经验，浙江起秀外国语学院落实产教融合发展理念，构建起"政府、学校、企业"深度融合的协同育人机制。

1.打造"人才共育、过程共管、成果共享"的校政企共同体

2017年以来学校分别与浙江省商务厅、绍兴市商务局、宁波市保税

区等签订了战略合作协议，共建小语种跨境电商人才协同育人中心，互聘师资、共建基地、共育人才。

2. 构建起"学科交叉、专业融合"的多元课程体系

学校通过顶层设计，重组课程体系，创新人才培养方案。重组后的课程体系分为两大类：第一类是面向电商专业，加强跨境电商实务类课程，推出小语种辅修，形成"电子商务（跨境电商）+ 英语 + 小语种辅修"课程体系，与时俱进增设跨境电商法规、风险与危机管理、网络媒体艺术设计、运营数据分析、电商直播等课程，多学科知识交叉融合。第二类是面向全校非电商专业，开设跨境电商创业实验班，推出跨境电商专业辅修、小语种辅修，形成"非电商专业 + 跨境电商专业辅修 + 第二外语辅修"课程体系。第三类是面向全体学生的跨境电商技能辅修，校企协同常年开设以互联网 + 平台运营的电商、跨境电商运营免费辅修班，如与杭州普特集团、杭州来赞宝集团等联合推出的 Shopee、Lazada、速卖通等短期实战式辅修班。

3. 构建起"教师、教材、教法"相互支撑的课堂教学机制

"教师、教材、教法"是教学三大要素，直面"谁来教""教什么""如何教"的问题，是影响教学质量和人才培养最直接、最重要的因素。针对跨境电商教学中教师行业经验缺乏、教材知识更新不及时、学生实践创新能力不足的痛点，学校聚焦"三教"深化改革：建立起一支"校企混编"的双师型师资团队。校企教师团队协作开发新型活页式教材，共建课程。由校企教师共同授课，使教学内容更加对接企业岗位需求、符合行业发展动态。创新教学方法，采用工作过程式、分组竞赛式、情景式等真实运营式教学，先学后教、边学边教。如《跨境电商运营》等课程，引入企业账号进行实战教学，账号到人、责任到人，校企教师辅导，实行实绩竞争机制，学生组队实战、团队协作。采用"双向互动式"教学，请进来走出去，企业专家入课堂，同时学生到企业一线，双向强化学生的实践认知和专业素养。

4. 共建"3+1"跨境电商创业实验班

引进阿里巴巴国际站、亚马逊、ebay、速卖通、Wish 等平台，订单式培养企业经营与管理人才。着力打造创业教育与专业教育相融合的人才培养和实践体系。学校通过搭建校企协同育人平台，来解决跨境电子

商务人才培养的应用问题。并构建起了集"虚拟仿真、实景模拟、实盘操作"于一体的实践创新体系。企业还为订单班同学提供参观、访问、见习、实习的机会。跨境电商校企合作订单班尝试构建具有浙江特色的高校创新创业（教育）新模式，打造创业教育与专业教育相融合的人才培养和实践体系，力求探索以"实践－理论－实践"的教育模式，形成校内外创业资源的优化配置与无缝对接的教育模式。并以集聚互联网创业为特色，来培育和孵化具有较强发展潜力的创新创业项目。

5. 构建起"人、货、场、技"一体化的实践实训体系

以"校中企"为主要人才培养的组织模式，校、企分别投入 1000 余万元，共建 5000 余平方米的大学生创业园（校企协同就业创业创新基地），设有展示厅、就业创业服务中心、校企协同创新中心、创业实践中心、实训实验中心等功能区，有 45 个创业工作室，8 个直播间，300余工位。同时与学校周边的产业园、科创园、文创园等共建校外端实习就业创业实践基地，在校内根据不同平台订单分班开展 2~3 个月的跨境电商实战培训，让学生进行业务操作，在校内完成上岗前的跨境电子商务技能培训，积累实践操作经验，结合学校创业管理人才培养定位，"企业"为订单班量身定做教学实践培训方案。

6. 育人成效

近五年，累计培养 1100 余名跨境电商专业人才，其中有 600 多人在跨境电商企业就业；学生学科竞赛取得突出成绩，近三年，学生在各级电商类创新创业学科竞赛中获奖 590 余项，其中国家级奖 68 项、省级奖346 项，连续三年获得 OCALE 全国跨境电商创新创业能力大赛一等奖。学生获得创新创业计划、新苗人才计划立项 108 项；真实运营式教学和实践实训收获喜人，近三年，入驻学校大学生跨境电商创业园孵化的学生团队 46 支，入驻项目涉及电子商务、网络科技、影视传媒、艺术设计、文化传播、新媒体等领域，已涌现了一批创新创业典型。2019 年，有 7支入园学生团队取得工商登记注册，学生团队累计营业额达 4200 余万元、营业利润 600 多万元；多语种跨境电商人才培养得到了政府、行业和企业的高度肯定，2015 年荣获"阿里巴巴人才培养全国十佳高校"，被阿里巴巴跨境电商人才培养高校联盟确定为绍兴市唯一的"一城一标杆"高校。2016 年荣获"全国民办高校创新创业教育示范学校课程建设奖"。

二、四川外国语大学跨境电商产教融合育人实践

（一）四川外国语大学概况

四川外国语大学，简称"川外"，位于中国直辖市重庆市，是一所经中华人民共和国教育部批准成立的市属全日制普通本科高等院校，为国家最早设立的四所外语专业高等院校之一。四川外国语大学始建于1950年4月；1959年5月，扩建为四川外语学院；2013年4月，更名为四川外国语大学。四川外国语大学与30余个国家或地区的100余所高校及机构建立校际合作与交流关系，建有中澳商务英语、中法物流管理等2个教育部批准的中外合作办学项目，是中国西南地区外语和涉外人才培养以及外国语言文化、对外经济贸易、国际问题研究的重要基地之一。

（二）四川外国语大学校企协同育人实践

1. 校企协同育人的基本模式

四川外国语大学校跨境电商校企协同育人的基本模式是建立校内跨境电商产教融合双创基地，以该基地为依托开展校企合作，组织跨境电商人才培养活动。

学校按照"行业引导、企业主导、学校参与"的原则，以"平台建设企业化、实践教学生产化"的理念，引进跨境电商企业入驻四川外国语大学实地办公，入驻的企业主要专注于跨境出口电子商务平台业务的跨境运营、销售业务等。各企业均拥有完善的供应链和业务流程体系。目前入驻企业均已成立 ebay，亚马逊，Wish，Real 等销售运营部门，主营产品包括汽车配件、灯具、电器、玩具、医疗、电子产品、工业产品、户外、运动、家居等数十个品类，产品远销全球多个国家及地区，多家公司在海内外均建立了独立仓储物流中心，并在多个国家拥有独立海外仓。

四川外国语大学与相关跨境电商企业合建了实践教学平台，即校内跨境电商产教融合双创基地，为学生创造了高仿真的企业工作环境、业务流程，让学生通过任务驱动、角色扮演等实战演练，完整感受企业运

营全流程。实训中心也能开展实战教学，通过企业账号，使学生融入企业真实运营环境。学生不出校园，通过面试选拔课余时间可以到入驻企业进行实习实训，企业为学生提供人性化人才管理体制与完善的福利待遇。

2. 人才培养模式的运行与优化

根据跨境电商行业对岗位人才职业能力要求以及对学校输送到跨境电商产教融合双创基地人才使用反馈，及时调整人才培养方案，优化人才培养目标，通过校企共建校内"跨境电商产教融合双创基地"，实行"三位一体"（教师、企业和学生）的人才培养模式和"校内实训＋工学交替＋顶岗实习"的实践教学体系。不断完善课程设置，借助移动数字、云平台、反转课堂等创新课堂形式，采用线上线下混合式教学模式，组建多语种跨境电商虚拟仿真实验室。以行业企业需求为导向，以教学改革为抓手，努力提升多语种跨境电商行业人才培养质量，更好服务区域经济建设。

3. 校企协同育人的成效

自四川外国语大学跨境电商产教融合双创基地自组建以来，已成功引进中石化易捷国际、日本银河株式会社等近 20 家知名跨境电商企业入校落地运营中心，积累了良好的电子商务教学和学生实践经验，入驻跨境电商企业每年为四川外国语大学应届毕业生提供大量的就业岗位，有利促进了四川外国语大学毕业生的就业。

依托跨境电商基地，四川外国语大学的教学科研更进一步，学校的《跨境电商法语》入围四川省第二批省级一流本科课程。此外，学生实践能力得到提升，上岗后"上升快，适应期短"，近年有多家跨境电商企业优先到四川外国语大学跨境电商专业大量招聘人才，让人才培养和市场需求无缝对接，为学生搭建了具有竞争力的就业平台，实现了学生更好质量就业。

四川外国语大学的跨境电商校企协同育人实践充分发挥了跨境电商实践教育基地的作用，以跨境电商产教融合双创基地为平台，整合政府、高校与企业的教育资源优势，充分发挥各主体的育人优势，形成人才培养的强大合力，取得了显著的成果，为区域跨境电商行业的发展提供了大量的高素质应用型人才。

参考文献

[1] 李倩.跨境电子商务 [M].北京：中国财富出版社，2019.

[2] 胡莹瑾.电子商务理论与实践研究 [M].长春：吉林人民出版社，2020.

[3] 赵元铭.国际贸易与电子商务战略研究 [M].长春：吉林人民出版社，2017.

[4] 徐慧婷.跨境电子商务 [M].厦门：厦门大学出版社，2019.

[5] 黄立.产教融合背景下高职院校"双师型"教师团队建设研究 [M].长春：吉林人民出版社，2020.

[6] 井然哲.跨境电子商务导论 [M].上海：格致出版社，2019.

[7] 许辉.跨境电子商务实务 [M].北京：北京理工大学出版社，2019.

[8] 黄艳.产教融合的研究与实践 [M].北京：北京理工大学出版社，2019.

[9] 黄莺，贾雪涛.双师型教师的专业发展研究 [M].北京：中国书籍出版社，2019.

[10] 王帮元.现代电子商务人才培养模式改革与管理 [M].合肥：中国科学技术大学出版社，2015.

[11] 袁江军.高职电子商务专业人才培养系统工程 [M].杭州：浙江工商大学出版社，2013.

[12] 董德民.电子商务 [M].北京：中国水利水电出版社，2017.

[13] 邹莉.电子商务 [M].重庆：重庆大学出版社，2017.

[14] 唐红涛.跨境电子商务理论与实务 [M].北京：对外经济贸易大学出版社，2019.

[15] 崔静静，龙娜娜，房敏，等 . 新时代地方本科院校"双师型"教师队伍建设研究 [M]. 北京：冶金工业出版社，2020.

[16] 李丽华，高杨，梁秋栢 ."双师型"教师队伍建设模式改革与制度创新研究 [M]. 沈阳：辽宁大学出版社，2014.

[17] 祝木伟，毛帅，赵琛 . 产教融合型实训基地建设与评价研究 [M]. 徐州：中国矿业大学出版社，2020.

[18] 张华 . 校园＋产园 智造工匠产教融合培养研究与实践 [M]. 北京：北京理工大学出版社，2021.

[19] 史伟，杨群，陈志国 . 新时期职业教育校企合作办学模式探索 [M]. 天津：天津科学技术出版社，2018.

[20] 陈德清，涂华锦，邱远 . 高职校企合作体制机制改革与实践 [M]. 北京：北京理工大学出版社，2016.

[21] 王阳 . 跨境电商发展对国际贸易影响的研究 [D]. 泉州：华侨大学，2020.

[22] 王城颖 . 杭州跨境电子商务发展及对策研究 [D]. 杭州：中共浙江省委党校，2019.

[23] 邓娟娟 . 南宁跨境电子商务人才培养研究 [D]. 天津：天津大学，2018.

[24] 张冶塑 . 中国跨境电子商务发展影响因素的实证分析 [D]. 南京：东南大学，2018.

[25] 何江 . 跨境电商与跨境物流协同研究 [D]. 上海：上海工程技术大学，2018.

[26] 邓志强 . 高职电子商务专业学生职业能力培养研究 [D]. 南昌：江西科技师范大学，2016.

[27] 闫新苗 . 我国跨境电商的现状及发展建议 [D]. 北京：对外经济贸易大学，2015.

[28] 王欢 . 中国跨境电子商务商业模式研究 [D]. 上海：华东理工大学，2016.

[29] 尹思凝 . 中国跨境电商发展面临的风险及对策研究 [D]. 长春：吉林大学，2019.

[30] 张震 . 我国跨境电商平台发展路径研究 [D]. 济南：山东财经大学，2018.

[31] 张佩 . 电子商务专业本科人才培养质量评价指标体系研究 [D]. 合肥：合肥工业大学，2009.

[32] 林月娟.电子商务专业学生实践能力培养的混合式学习管理研究 [D].广州：广州大学，2013.

[33] 雷洋.高校跨境电子商务人才培养模式研究及政策建议 [D].呼和浩特：内蒙古工业大学，2017.

[34] 卢达华.跨境电子商务发展影响因素研究 [D].深圳：深圳大学，2017.

[35] 汤潇漫.中国跨境电子商务发展研究 [D].北京：对外经济贸易大学，2016.

[36] 王高亮.我国高职院校电子商务人才培养机制研究 [D].呼和浩特：内蒙古师范大学，2016.

[37] 王凤飞.我国电子商务与传统商务协同发展研究 [D].徐州：中国矿业大学，2016.

[38] 叶晗堃.跨境电子商务成功实施影响因素研究 [D].南昌：江西财经大学，2016.

[39] 周柱龙.中国跨境电子商务发展影响因素研究 [D].沈阳：辽宁大学，2015.

[40] 储玲玲.校企合作模式下的校外实习基地建设研究 [D].兰州：西北师范大学，2016.

[41] 冯艳艳.应用型高校"双师型"教师专业发展研究 [J].河南教育（高等教育），2022（3）：61-62.

[42] 肖琦.浅谈我国跨境电子商务人才培养模式 [J].中国集体经济，2021（31）：112-113.

[43] 靳甜甜.跨境电子商务人才培养模式探析 [J].陕西教育（高教），2021（9）：22-23.

[44] 张姣.产学研协同视角下跨境电子商务人才培养研究 [J].江西电力职业技术学院学报，2020（12）：98-99.

[45] 徐羚飒，聂登月.我国跨境电子商务人才培养模式探析 [J].营销界，2020（30）：64-65.

[46] 刘玉莹.跨境电子商务人才培养现状及对策研究 [J].大陆桥视野，2020（4）：62-64.

[47] 靖书博.跨境电子商务人才培养模式策略分析 [J].现代经济信息，2019（15）：352.

[48] 陆剑，陈荣华.产学研协同视角下跨境电子商务人才培养研究[J].佳木斯职业学院学报，2018（12）：16-17.

[49] 高子清，张金萍.跨境电子商务人才校企行政协同培养模式的构建[J].黑龙江高教研究，2017（5）：146-148.

[50] 王方红，沈利华.应用型跨境电子商务人才培养对策研究[J].中国商论，2022（12）：156-159.

[51] 潘华清.职业教育产教融合型企业培育路径探析[J].黑龙江教师发展学院学报，2022（5）：64-66.

[52] 韩梦如.高职院校产教融合校企协同育人机制创新与构建[J].产业与科技论坛，2022（9）：277-278.

[53] 方益权，闫静.关于完善我国产教融合制度建设的思考[J].高等工程教育研究，2021（5）：113-120.

[54] 李杰.产教融合背景下高校创新创业教育协同育人机制构建研究[J].教育与职业，2021（15）：73-77.

[55] 于为雄，霍炬，姜华，等.校企合作构建人才培养模式研究与实践[J].实验技术与管理，2019（11）：29-32.

[56] 谢笑珍."产教融合"机理及其机制设计路径研究[J].高等工程教育研究，2019（5）：81-87.

[57] 刘建平，宋霞，杨植，等."产教融合、校企合作"共建高校实践教学体系[J].实验室研究与探索，2019（4）：230-232，245.

[58] 刘志民，吴冰.企业参与高职校企合作人才培养影响因素的研究[J].高等工程教育研究，2016（2）：143-147.

[59] 孙蕾，王芳.中国跨境电子商务发展现状及对策[J].中国流通经济，2015（3）：38-41.